Safi Nidiaye
Innehalten

Safi Nidiaye

INNE-
HALTEN

Das Handbuch der
kleinen und großen Auszeiten

INTEGRAL

Verlagsgruppe Random House FSC® N001967

Erste Auflage 2019
Copyright © 2019 by Integral Verlag, München,
in der Verlagsgruppe Random House GmbH,
Neumarkter Straße 28, 81673 München
Alle Rechte sind vorbehalten. Printed in Germany.
Redaktion: Sabine Zürn
Umschlaggestaltung: Guter Punkt, München
unter Verwendung von Motiven von © akamaraqu/Adobestock,
©LoveKay/Adobestock; © nuranvectorgirl/GettyImages
Satz: Satzwerk Huber, Germering
Druck und Bindung: Pustet, Regensburg
ISBN 978-3-7787-9295-7

www.Integral-Lotos-Ansata.de
www.facebook.com/Integral.Lotos.Ansata

Inhalt

Teil III
Eintägige Auszeiten ohne besondere Vorbereitung

Teil IV
Universalwerkzeuge für ein effizientes Auszeitprogramm

Teil V
Auszeit ohne »Aus-Zeit«

Teil VI
Kleine Auszeiten von einer halben Stunde bis zu einem halben Tag

Teil VII
Der ein- oder mehrtägige Besinnungs-Rückzug

Teil VIII
Weitere Tipps und Anregungen

Vorwort

Als Seele sind wir frei, und unser Königreich ist grenzenlos. Starten wir nicht als Kind mit der Erwartung, dass unser Leben unser Königreich sei? Und sollte es nicht auch so sein? Aber nur wenigen gelingt es, in ihrem Leben zu herrschen wie ein König oder eine Königin. Wir haben uns unsere Macht und Souveränität abnehmen lassen oder sie freiwillig abgegeben. An unsere Arbeitsstelle, unsere Chefs, an König Geld, an unsere Angehörigen, an das, wonach wir süchtig sind, an unsere elektronischen Geräte, an Apps und Onlineshops, an Unternehmen, die uns suggerieren, dass wir ohne ihre Produkte nicht mehr leben können, damit wir immer mehr Geld dafür ausgeben. Gestresst, unter Druck, erschöpft oder in Unbewusstheit verfallen, haben wir die Sehnsüchte und Ziele unserer Seele längst vergessen oder als »unrealistisch« abgehakt.

So sehr Sie auch unter Zwängen, Anforderungen, Einschränkungen leiden mögen, tief in Ihrem Innern gibt es immer noch Ihr Königreich. Den Platz, an dem Sie Ihre Kraft, Ihre Größe, Ihre Schönheit, Ihre Macht, Ihre Freiheit, Ihre Souveränität und Ihr Gleichgewicht wiederfinden und Ihr Leben wieder seinen Sinn bekommt. Erobern Sie sich Ihr Königreich wieder zurück, damit Sie das sein können, was Sie wirklich sind, und das tun, was Sie wirklich tun möchten.

Um Ihr Königreich zu finden, klinken Sie sich aus dem Gewohnten aus, gönnen sich eine Auszeit, ganz für sich selbst und mit sich allein. Um es sich zu erhalten, suchen Sie es so oft wie möglich auf – für einen Augenblick, für eine längere Zeit oder während eines spirituellen Rückzugs.

Teil I

Der Außenwelt den Rücken kehren – Sinn und Gestaltung der Auszeit

Dies ist ein Buch für alle, die sich nach einer Auszeit sehnen, ob sie nun Zeit dafür haben oder nicht. Falls Sie sich dafür Urlaub nehmen können, finden Sie Vorschläge für ein- und mehrtägige Rückzugsprogramme, die Ihnen zu Besinnung, Klärung, Neuorientierung, Erholung und neuer Motivation verhelfen können. Wer im Moment keine Zeit für Auszeit hat, aber mitten im stressigen Alltag öfter mal eine kurze Besinnungs- oder Erholungspause machen möchte, wird hier Anregungen für Mini-Auszeiten finden: einige Atemzüge lang, ein paar Minuten, eine halbe Stunde, eine oder mehrere Stunden. Dafür benötigen Sie nichts weiter als sich selbst. Das Grundprinzip ist immer gleich: Für einen Augenblick oder eine längere Zeit ziehen Sie sich zurück, kehren der Außenwelt den Rücken und wenden sich ganz Ihnen selbst zu.

Was bringt ein Rückzug?

Rückzug weckt mich auf aus der Hypnose meiner Situation, meiner Perspektive, meiner virtuellen Welt, meiner realen Beziehungen. Rückzug gibt mir Freiheit.

Rückzug gibt mir die Möglichkeit herauszufinden, was ich wirklich will. Zu agieren statt zu reagieren.

Meine Aufmerksamkeit in der Außenwelt haben und dann wieder bei mir, außen und wieder innen – das kann ausgewogen sein wie Ebbe und Flut, wie Ein- und Ausatmen, wie Yin und Yang.

Bin ich aber ständig damit beschäftigt, auf die An- und Herausforderungen der Außenwelt zu reagieren, laufe ich Gefahr, mich zu verlieren. Die Seele, dieses unerschöpfliche, unergründliche, geheimnisvolle innere Ich, kommt zu kurz. Ich verliere meine Energie, meine Motivation, erschöpfe meine Ressourcen. Ich schöpfe nicht aus der Tiefe; ich bewege mich ständig nur an der Oberfläche. Das ist schade, denn aus der Tiefe meiner Innenwelt tauchen eigentlich ständig Ideen, frische Gedanken, neue Erkenntnisse, neue Perspektiven und damit neue Energie auf; aber ich achte nicht auf sie, da ich anderweitig beschäftigt bin. Um ihnen Beachtung und Raum zu geben, damit sie sich entfalten können, muss ich mir ein wenig Zeit für mich selbst nehmen und mich, und sei es nur für einen Moment, von allem zurückziehen. Dafür gibt es mehrere Möglichkeiten:

- in einer Situation: ganz unbemerkt, für die Dauer von ein paar Atemzügen
- aus einer Situation: für ein paar Minuten

- aus dem Alltagsleben überhaupt, für eine Stunde, einen halben oder einen ganzen Tag. Oder mehrere. Oder für eine Woche. Oder zwei.

Es liegt an Ihnen festzulegen, wozu Ihnen ein solcher Rückzug dienen soll. Ich sehe eine ganze Palette möglicher Vorteile:

- sich entspannen, mal alles loslassen,
- zu sich kommen, um aus der alltäglichen Hypnose oder der einer Situation aufzuwachen, um seinen eigenen Standpunkt zu finden,
- sich um seine Gefühle kümmern,
- Raum für seine Seele schaffen,
- neue Perspektiven, neue Motivation finden,
- Klarheit, Lösungen, Antworten finden, Entscheidungen treffen,
- auftanken,
- seine Freiheit entdecken und genießen,
- die Stimme seines Herzens sprechen lassen,
- sich erneuern,
- sich heilen,
- und viele andere mehr, Sie werden sie selbst definieren.

Haben Sie schon einmal beobachtet, was geschieht, wenn Sie einfach mal innehalten und nichts tun? Wenn Sie sehr erschöpft sind und sich bisher keine Zeit genommen haben, um sich auszuruhen, werden Sie einschlafen. Oder Sie werden auf Ihre ständig ablaufenden Gedanken und inneren Dialoge aufmerksam.

Also schlafen oder denken. Oder vor sich hindösen. Oder sich irgendwie beschäftigen. Arbeiten. Putzen. Basteln. Spazieren gehen. Eine ungeplante Auszeit ohne besonderes Programm ist ganz sicher segensreich, ja sogar notwendig, und zwar nicht nur ab und zu als etwas Besonderes, sondern mehrmals täglich. Sie verschafft uns das notwendige Gegengewicht zu Aktivität und Kommunikation mit der Außenwelt und trägt dazu bei, dass wir gesund bleiben. Aktivität – Passivität; außer sich sein – bei sich sein. Wie Schlafen und Wachen, Ein- und Ausatmen sollte das im Gleichgewicht sein. Für eine solche natürliche, ungeplante Auszeit bedarf es keiner Anleitung.

Möchten Sie sich zurückziehen, um Ihre alte Form wiederzugewinnen und nach dem Rückzug genauso weitermachen zu können wie vorher? Dann reicht es wahrscheinlich aus, einfach Ihrem Erholungsbedürfnis nachzugeben. Brauchen Sie Entspannung, Passivität, Ruhe (weil Sie zu viel gearbeitet haben) oder eher Bewegung an der frischen Luft? Wählen Sie die Art von Urlaub, die Ihrem körperlichen Bedürfnis am ehesten entspricht – im Wald, am Meer, in den Bergen, in einem Wellness-Center oder zu Hause. Vielleicht müssen Sie nur einmal das Gegenteil von dem machen, was Sie im Alltag tun. Oder einfach mal ausschlafen. Auch hierfür brauchen Sie keine Anleitung.

In diesem Buch geht es um etwas anderes: um einen »geordneten Rückzug«, der ganz gezielt einem Zweck dient.

Wie gestaltet man einen Rückzug?

Das ist eine wichtige Frage, denn wenn Sie nicht vorher klären, wozu Ihre Auszeit gut sein soll und wie Sie sie gestalten möchten, wird Ihr Rückzug möglicherweise nicht besonders wirkungsvoll sein. Ich möchte Ihnen Möglichkeiten vorstellen, um Ihren Rückzug effizient zu gestalten: effizient im Sinne einer Absicht, die Sie selbst bestimmen.

Sie werden Möglichkeiten kennenlernen, um sich blitzschnell innerhalb einer konkreten Situation zu besinnen, um eine kürzere Auszeit so zu gestalten, dass sie Ihnen das bringt, was Sie beabsichtigen oder benötigen, und eine längere Auszeit zu einer tiefen, transformierenden Erfahrung werden zu lassen.

Wir sind im Allgemeinen viel zu gestresst, angespannt, überflutet mit Eindrücken und angefüllt mit Gedanken, um uns mal eben schnell von allem zurückziehen und zu uns selbst kommen zu können. Körper und Geist unruhig, angespannt, das Gemüt überreizt … da braucht es wirkungsvolle Instrumente, um trotz der vielleicht nur kurzen Zeit wirklich alles hinter sich lassen zu können, sich zu entspannen, zu sich zu kommen und sich neuen Perspektiven, neuen Gefühlen, neuen Ideen öffnen zu können.

Ein Rückzug will daher gestaltet sein. In diesem Buch finden Sie Anleitungen für ganz kurze, mittlere, längere und lange Auszeiten sowie sehr machtvolle Instrumente, die Ihnen zu einem »geordneten Rückzug« verhelfen, welcher sinnvoll und effizient Ihrer Absicht dienen kann.

Eines – für mich das wichtigste – dieser Instrumente ist die Körperzentrierte Herzensarbeit. Was die kleinen Rückzüge im Alltag betrifft – die »Auszeit ohne Aus-Zeit« –, auf die ich besonders ausführlich eingehen werde (weil sie so dringend von so vielen benötigt werden), so geht nichts über diese Methode. Nichts entlastet Körper und Psyche so schnell und gründlich wie eine korrekt ausgeführte Körperzentrierte Herzensarbeit (s. Teil IV im Kapitel »Die

Körperzentrierte Herzensarbeit – Mein Universalwerkzeug für den Besinnungs-Rückzug und das ganze Leben«). »Körperzentriert« heißt meine Herzensarbeit deshalb, weil der Körper dabei im Zentrum der Wahrnehmung steht.

Am Anfang werden Sie ein wenig Lern- und Übungszeit benötigen, um die Methode kennenzulernen, aber mit der Zeit wird sie zu einem ständigen Begleiter im Alltag und kann in einer höchst wirksamen Kurzform in Minuten- oder sogar Sekundenschnelle angewendet werden.

Zu Beginn des praktischen Teils werde ich Ihnen aber zunächst eintägige Rückzugs-Rezepte vorstellen, für die Sie weder Kenntnisse der Körperzentrierten Herzensarbeit noch sonstige Instrumente oder Vorbereitungen benötigen.

Nach den Mini-Auszeiten im Alltag werden Sie dann meine Anleitungen für kürzere, mittlere und längere Auszeiten bis hin zu spirituellen Home-Retreats finden.

Bei allen Rezepten geht es darum, eine Auszeit so zu gestalten, dass Sie zu sich selbst zurückfinden. In Ihre Mitte. Dass die Auszeit Sie wieder in Kontakt bringt mit dem, was das Leben für Sie kostbar und lebenswert macht; Sie mit der Quelle von Lebenslust, Motivation, Begeisterung, Liebe und damit auch Energie verbindet, die in Ihrem Innern zu finden ist. Das klingt vielleicht esoterisch, aber es ist eine ganz einfache Sache. Wenn Sie sich einmal statt nach außen nach innen wenden, gelangen Sie automatisch in Kontakt mit jenen tiefen Gefühlen, die Sie mit sich selbst verbinden, mit Ihrem Herzen, Ihrer Seele. Die Sie erkennen lassen, was Ihnen wirklich wichtig ist in diesem Leben oder in der Situation, in der Sie sich befinden. Sie werden dafür nichts weiter brauchen als sich selbst und einen Platz, an dem Sie nicht gestört werden.

Die Vorgeschichte dieses Buches

In den 1980er- und 1990er-Jahren war neben der Meditation die Erforschung der Intuition meine Leidenschaft, mein Hobby, meine Wissenschaft. Es gibt nur eine Weise, die Intuition zu fördern: nämlich sofort auf sie zu hören, wenn sie sich meldet. Aber das macht oft Angst. Die innere Stimme ist ja nicht klar als solche zu erkennen (»Hallo, hier spricht deine Intuition«), daher zweifeln wir und schon entstehen Unsicherheit, Zweifel, Angst: Was, wenn ich mich täusche?

Also dachte ich mir, ich brauche ein »ungefährliches« Terrain, um zu üben, meiner inneren Stimme immer sofort zu folgen. Zu diesem Zweck erfand ich für mich selbst ein Spiel, das ich »Prinzip Freier Sonntag« nannte. So entstand das erste einer Reihe von eintägigen Auszeit-Programmen, die ich im vorliegenden Buch vorstelle (s. »Prinzip Freier Sonntag«).

Ein anderes Übungsfeld war das »24-Stunden-Fasten« (s. »24-Stunden-Fasten«). Eines Tages dachte ich mir, dass es vielleicht ganz segensreich sein könnte, einmal 24 Stunden lang nichts zu mir zu nehmen, nicht nur im körperlichen, sondern auch im geistigen Sinne. Nichts lesen, nicht fernsehen, kein Radio hören, mit niemandem sprechen. Ich dachte mir, das müsse sich reinigend auswirken und Raum schaffen für Ideen, die aus meinem Innern auftauchen. So war es auch, und es tat mir so gut, dass ich es jeden Monat wiederholte und mich, obwohl mir Hungern stets ein Gräuel war, schon Tage vorher darauf freute. Auch dies ist eine der Anregungen für eintägige Auszeiten, die ich mit Ihnen teilen möchte.

Ein drittes Auszeit-Spiel, das ich für mich entwickelte, ist der »Ich-Tag« (s. »Ich-Tag«). Als ich das Alleinleben aufgab und meine erste langjährige Beziehung begann, erfand ich diesen besonderen Tag, den jeder Partner von Zeit zu Zeit für sich in Anspruch nehmen durfte. »Ich-Tag« hieß: Dieser Tag gehört mir. An diesem Tag darf ich von morgens bis abends genau das tun, was ich gern tun möchte und was mir guttut, und mein Lebenspartner darf, wenn gewünscht, einen unterstützenden Rahmen dafür bieten, sich aber nicht einmischen. Wir hatten beide viel Freude daran, uns selbst und einander den Spaß zu gönnen und zu ermöglichen. So viel zu den einfachen eintägigen Auszeit-Rezepten, die Sie am Anfang dieses Buches finden werden.

Nicht immer hat man die Möglichkeit, Auszeit zu nehmen. Viele Menschen leiden ja enorm unter Zeitdruck. Durch die Entwicklung der Körperzentrierten Herzensarbeit und das Anwenden dieser Technik auf alle möglichen alltäglichen und besonderen Situationen habe ich entdeckt, dass man auch »Auszeit ohne Aus-Zeit« machen kann. Die Herzensarbeit hat mir zu etlichen Tricks verholfen, mich unbemerkt und schnell mitten in einer sich gerade abspielenden Situation zurückzuziehen und zu mir zu kommen, um die emotionale Lage zu klären und meinen eigenen Standpunkt oder die beste Handlungsmöglichkeit zu finden. Diese Mini-Rückzüge (s. »Auszeit ohne Auszeit«), die ganz unbemerkt und im Stillen stattfinden und sehr wirkungsvoll sind, werde ich ebenfalls in diesem Buch mit Ihnen teilen. Um sie allerdings so schnell und effizient anwenden zu können, wie eine Situation dies meist erfordert, sollten Sie die Körperzentrierte Herzensarbeit erlernen (falls noch nicht geschehen).

Überhaupt ist die Herzensarbeit – ich habe sie Anfang der 1990er-Jahre entwickelt und seither weiter verfeinert und unterrichtet – für mich *das* zentrale Instrument fürs Leben: für die Lösung von Problemen, das Erwachen aus Identifikationen, um mein Herz für andere zu öffnen, um meine Beziehungen zu klären und auf eine erwachsenere Basis zu stellen, aber auch, um mich für die spirituelle Arbeit zu öffnen und mich auf sie einzustimmen. Daher hat sie für mich nicht nur im Alltag, sondern auch in jedem Besinnungsrückzug (Retreat) einen zentralen Platz.

Die besondere Rolle der Körperzentrierten Herzensarbeit im Besinnungs-Rückzug

Meine ersten Meditations-Retreats fanden statt, bevor ich die Körperzentrierte Herzensarbeit entdeckt hatte. Die spirituellen Übungen konfrontierten mich mit vielen Fragen, vielen Lebensthemen, vielen Emotionen. Ich war damals sehr stark mit den dabei auftauchenden Emotionen identifiziert, sowohl mit negativen Gefühlen, wie sie manchmal bei der Konfrontation mit den eigenen Bewusstseinsinhalten ausgelöst werden – Ärger, Ohnmacht, Trauer, Verzweiflung, Schuldgefühle – als auch mit positiven, manchmal erhebenden, überwältigenden Gefühlen. Es hieß, man solle diese Emotionen einfach wahrnehmen, aber damals wusste ich überhaupt nicht, was es bedeutet, ein Gefühl wahrzunehmen. Ich hatte es einfach. Oder wurde davon überwältigt.

Im Licht der Meditation und von höheren Ebenen aus betrachtet, konnte ich erkennen, dass meine alltägliche Sichtweise irreführend war, dass das Leben einen ganz anderen Sinn hat und meine Rolle in etwas anderem bestand, als ich dachte. Am Ende war ich gereinigt, erhoben, erleuchtet, in der Lage, hinter die Dinge zu schauen. Aber zurück in der Alltagswelt bemerkte ich immer wieder, wie schnell ich in meine gewohnten Verhaltensmuster fiel. Ich sah es auch an anderen. Sie bemühten sich sehr, die in der Meditation gewonnene neue Perspektive und Stimmung aufrechtzuerhalten, und manchen gelang das auch äußerlich sehr gut, aber um den Preis der Verdrängung ihrer Emotionen.

Wenn man nicht sehr wach und aufmerksam ist, entwickelt man zwar ein sehr schönes, freundliches, lichtvolles Gebaren, doch Wut, Ärger, Frustration oder Gefühle, klein, lächerlich, unwichtig oder abgelehnt zu sein, schiebt man weit weg und nimmt sie selbst nicht mehr wahr. Andere aber, die ein Gespür dafür haben, können diese negativen Gefühle deutlich spüren. Man strahlt sie aus und sie schleichen sich ein in die Art und Weise, wie man auf Menschen und Vorfälle reagiert.

Als ich jedoch die Körperzentrierte Herzensarbeit entdeckt und entwickelt hatte, besaß ich auf einmal ein Instrument, um mit den auftauchenden Emotionen adäquat umzugehen. Nun gab es keinerlei Notwendigkeit mehr, negative Emotionen zugunsten eines (schein-)heiligen Verhaltens zu unterdrücken oder »umzuwandeln«, denn ich konnte sie von einer neutralen Warte aus wahrnehmen, ohne mich mit ihnen zu identifizieren. Und mehr noch: Ich konnte mein Herz für sie öffnen, ihnen Verständnis und Mitgefühl, Achtung und Erlaubnis geben. Hinter allen negativen Emotionen konnte ich den Schmerz entdecken, der das eigentliche, wahre Gefühl war. In Wirklichkeit war ich nicht wütend, hasste nicht, sondern etwas tat mir sehr weh, und ich wehrte mich dagegen. Jedes Mal, wenn ich mein Herz für ein zuvor verdrängtes Gefühl öffnete, erlebte ich einen Moment der

Heimkehr zu mir selbst, einen Moment, in dem mein Herz offen und berührt war, und dies wurde zu einem exzellenten – und überdies ganz natürlichen – Sprungbrett in höhere Ebenen des Bewusstseins und damit zu Meditation und spirituellen Übungen.

Die Körperzentrierte Herzensarbeit wurde zur Brücke zwischen der hohen Einstimmung im Retreat und dem Alltagsleben, zur Möglichkeit, eine langfristige, bleibende Veränderung zu erreichen. Sie verbindet die nüchterne, neutrale Wahrnehmung, wie sie im Zen-Buddhismus und im Yoga praktiziert wird, mit der Herzenskultur der christlichen und der Sufi-Spiritualität.

Seither habe ich nie wieder ein Retreat gemacht oder angeleitet, ohne dass die Körperzentrierte Herzensarbeit darin eine zentrale Rolle spielte. Sie unterstützt die spirituelle Übung, vertieft sie und macht sie konkreter.

Rund 20 Jahre lang habe ich alljährlich Einzel-Retreats in einem Meditationscamp in den Bergen absolviert, manchmal eine Woche, manchmal zwei Wochen lang, einmal auch drei. Ich habe auch viele Menschen bei ihren Einzel-Retreats als »Retreat-Guide« (Führer, Begleiter) anleiten dürfen.

Beides gehört zu den schönsten Erfahrungen meines Lebens. In Buchform ist es nicht möglich, Ihnen eine individuell auf Sie zugeschnittene Anleitung für ein solches spirituelles Retreat an die Hand zu geben. Dazu brauchen Sie den schützenden und inspirierenden Rahmen eines Meditationscamps oder Klosters und eine qualifizierte individuelle Anleitung.

Dennoch möchte ich Ihnen die Möglichkeit eines spirituellen »Home-Retreats« vorstellen. Abgeleitet aus der Essenz meiner eigenen Erfahrungen habe ich Anleitungen für ein- oder mehrtägige spirituelle Retreats entwickelt, die Sie problemlos anwenden können, wenn Sie ein wenig Erfahrung mit Meditation haben und sich auf ein paar Tage Alleinsein einlassen können. Wählen Sie aus verschiedenen Optionen diejenige aus, die Ihnen gerade stimmig erscheint, und gestalten Sie Ihren eigenen Ablaufplan. Meine Meditationsanleitungen, kombiniert mit einleitenden Körper-, Einstimmungs- und Atemübungen, können Ihnen einen anderen Blick auf sich selbst, aufs Leben, auf die Welt und damit auch eine andere Stimmung und Emotion eröffnen, sodass Sie am Ende erneuert und inspiriert aus Ihrem Rückzug hervorgehen.

Und danach? Die Retreats gehen vorbei. Die Erinnerung verblasst. Die Erlebnisse kann man nicht wiederholen. Die Veränderungen in Stimmung und Perspektive, die im Retreat geschehen, halten manchmal nicht allzu lange an und werden überdeckt vom Alltagsdenken und -fühlen. Was mir aber geblieben ist, ist ihre Essenz. Etwas, das kostbar und unzerstörbar ist. Und das Wissen, dass etwas Wunderbares den Hintergrund meiner Existenz bildet (und wenn das für meine Existenz gilt, muss das ja für die Existenz von allen gelten). Auch wenn es mir im Alltag nicht mehr so zugänglich ist, aber ich weiß, dass es existiert.

Teil II

Zu sich kommen und in sich gehen

Auf die Stimme des Herzens hören

Von Zeit zu Zeit braucht jeder Mensch Gelegenheit, um zu sich zu kommen und in sich zu gehen. »Zu sich kommen« und »in sich gehen« impliziert, dass wir normalerweise eben nicht bei uns sind, sondern außerhalb von uns – was ja auch der Fall ist. Wir sind absorbiert von Gesprächen, Botschaften, Ereignissen, Eindrücken, eben von allem, was »Nicht-Ich« ist, oder aber von unseren Gedanken an eben diese Ereignisse, Gespräche und Eindrücke.

Der Strom der Ereignisse reißt uns mit, und ehe wir uns versehen, haben die Dinge einen ganz anderen Verlauf genommen, als wir es eigentlich gewünscht oder beabsichtigt hatten. Oder er geht zwar in die gewünschte Richtung, aber wir reiben uns auf, verausgaben, erschöpfen uns und möchten eigentlich längst ganz etwas anderes. Statt auf die Stimme unseres Herzens zu hören, lassen wir uns treiben wie ein Blatt im Wind, lassen uns anlocken von den unzähligen Angeboten aus der Außenwelt, die in einer unbezähmbaren Flut auf uns niederprasseln. Unter dem Druck der Arbeitswelt oder durch die Masse an Eindrücken und Informationen aus Internet und Fernsehen entfernen wir uns oftmals so weit von uns selbst, dass unsere Seele keinen Raum mehr hat. Wenn aber die Seele nicht mehr atmen kann, erstickt sie. Das hat zur Folge, dass unser inneres Wesen, eben das, was unseren Körper beseelt, sich zurückzieht und wir nach und nach dahinwelken. Eine Zeit lang noch leben wir von der geliehenen Energie, der Energie der technischen Geräte, nach denen wir süchtig sind, der Energie von Kaffee, Alkohol, Medizin oder womit sonst wir uns über Wasser halten, aber irgendwann wirkt auch das nicht mehr, und dann sind wir zu erschöpft, um weiter durchzuhalten. Dann kommt die Zwangs-Auszeit. Körperliche Erkrankungen, ein Nervenzusammenbruch, Burn-out oder Alzheimer und schließlich der »große Rückzug«, der letzte, der, den wir alle fürchten, den wir am liebsten verschweigen und der uns doch alle erwartet, noch sicherer als das Amen in der Kirche. Der Tod.

So nehmen wir uns entweder unsere kleinen und großen Auszeiten regelmäßig und planvoll oder wir werden dazu gezwungen, etwa durch Krankheit, Unfall oder Verlust des Arbeitsplatzes. Viele Menschen überarbeiten und überfordern sich Tag für Tag, bis sie buchstäblich zusammenbrechen. Dann endlich gönnen sie sich ihre Auszeit, nicht etwa, weil sie das gern möchten, sondern weil es nicht mehr anders geht.

Nur kann man einen Rückzug aus Arbeits- und Alltagswelt viel besser genießen, wenn man nicht krank ist, sondern sich einigermaßen wohlfühlt.

Sie können natürlich Ihre Auszeit so gestalten, wie Sie es möchten, ob Sie nun am Strand faulenzen, in den Bergen wandern, mit einem Krimi auf dem Sofa liegen oder an der Theke mit einem Glas Bier in der Hand in jenem sorgenfreien, realitätsfernen Freiraum, den man in der Gemeinschaft der Thekenfreunde findet, über irgendeinen Blödsinn lachen.

Aber da Sie nun dieses Buch in der Hand haben, nehme ich an, dass Sie Anregungen suchen, um Ihren Rückzug so zu gestalten, dass er Sie auf möglichst effiziente Weise zu sich, zur Besinnung und in Kontakt mit Ihrem innersten Wesen bringt. Sie möchten nicht nur erholt, sondern tatsächlich erneuert daraus hervorgehen, sodass Ihre Seele endlich wieder atmen kann. Genau diese Anregungen möchte ich Ihnen geben.

Wieso soll man eigentlich »in sich gehen«, was gibt es denn da im Innern, das kontaktiert werden sollte? Na ja, eben Sie selbst! Nicht das, was Sie im Spiegel sehen – das sind nicht Sie, sondern das Medium, durch das Sie sich ausdrücken. »In sich gehen« bedeutet, Kontakt mit sich selbst aufzunehmen. Mit dem, was Sie im Innern sind. Es gibt viele Worte dafür, aber sie alle führen eigentlich davon weg – etwa, wenn man vom »wahren Wesen« spricht oder von »meiner Seele«, »meinem inneren Selbst« oder einfach vom »Selbst«. Diese Umschreibungen erklären nicht wirklich, wer das eigentlich ist und wo ich das suchen soll, und bringen mich eher weg von dem, was gemeint ist. Nein, wenn ich »in mich« gehe, dann nehme ich einfach Kontakt mit mir selbst auf.

Und auf einmal treten ganz viele Gefühle, Gedanken und Aspekte in den Vordergrund, denen ich sonst keine Aufmerksamkeit schenke. Da gibt es jene Gefühle, die mich in meinem alltäglichen Leben beherrschen, ohne dass ich mich jemals um sie kümmere. Sie wollen jetzt endlich einmal gesehen, gefühlt, in mein Herz geholt werden. Da gibt es Gedanken, die ich immer verdränge, weil sie irgendwie nicht

ins Bild passen, weil sie stören, weil es unbequem ist, sie zuzulassen, da sie mich vielleicht mit der Notwendigkeit einer
Veränderung konfrontieren. Da gibt es aber auch Sehnsüchte, die an die Oberfläche drängen, und Einsichten bzw. Erkenntnisse. Da gibt es »meine Wahrheit« – auch wenn das
eine unsinnige Wortzusammenstellung ist, denn es gibt ja
nur eine Wahrheit. Aber es gibt die Art, wie diese eine Wahrheit sich durch mich ausdrücken will, in der spezifischen
Art, die meine eigene ist, und deshalb nenne ich es »meine
Wahrheit«.

In der Meditation kann ich all diese Schichten wahrnehmen, durchstreifen und zu meinem Innern gelangen, dort,
wo ich einfach »Ich« bin, wo all diese Gedanken und Gefühle zum Schweigen kommen und wo nur noch meine Gegenwart existiert. Wessen Gegenwart? Wer bin ich überhaupt?
Das ist die Frage, die den Hintergrund aller Meditationen
bildet.

Wenn Sie einmal durch die Schichten jener Gedanken
und Gefühle, die eine Reaktion auf die Ereignisse des Lebens sind, zu sich selbst hindurchgetaucht sind, werden Sie
aus dieser Vertiefung erneuert, gestärkt, mit frischen Perspektiven und neuer Motivation hervorkommen. Daher
kann man sagen, dass in unserem Innern ein Quell fließt,
der unaufhörlich Energie, Motivation und Erkenntnis her-
vorbringt.

Wenn wir nur damit beschäftigt sind, auf die Außenwelt
zu reagieren und auf sie einzuwirken, schöpfen wir nicht aus
diesem Quell. Wir sind dann darauf angewiesen, unsere
Energie, Motivation und Erkenntnis von anderen zu beziehen. James Redfield spricht in seinem berühmten visionären
Roman »Die Prophezeiungen von Celestine« davon, dass

wir uns in einem ständigen Kampf um Energie befinden, ohne es zu merken.

Ein Rückzug – und sei er noch so kurz – kann uns jedoch in Kontakt mit jener Energie bringen, die ihren Ursprung in uns selbst hat.

Die eigene Energiequelle anzapfen

Kennen Sie das auch? Sie fühlen sich erschöpft, ausgelaugt oder einfach ein wenig müde und gelangweilt. Dann kommt Ihnen auf einmal eine geniale Idee, und schon sind Sie wieder voller Energie.

Wenn wir von Energie sprechen, denken wir immer an die Energie, die wir von außen beziehen, durch das, was wir essen und trinken, durch Licht und Wärme der Sonnenstrahlung, durch die frische Luft und das Qi oder Prana, das darin enthalten ist; durch Menschen, Tiere, Pflanzen oder auch durch kosmische Einflüsse, etwa das Licht der Sterne. Aber auch in unserem Innern gibt es eine Energiequelle. Sie ist offenbar latent immer vorhanden, denn sie lässt sich in extremen Situationen plötzlich mobilisieren, und manchmal taucht sie ganz von selbst auf – in Form einer neuen Erkenntnis, eines Einfalls, eines schöpferischen Gedankens.

Nun kann man ja weder extreme Situationen noch plötzliche geniale Einfälle oder Erkenntnisse absichtlich herbeiführen. Was nützt mir also die Erkenntnis, dass es in meinem Innern eine Energiequelle gibt, wenn ich nicht weiß, wie ich sie zum Fließen bringen kann? Gibt es da einen Hahn, den ich aufdrehen kann? Eine Übung, die diese Energie an die Oberfläche bringt? Die Antwort lautet: Ja, aber. Ja, es gibt Übungen, aber um sie durchzuführen, braucht man Energie, und deshalb macht man sie oft nicht.

Aber es gibt im Leben jedes Menschen Hinweise, die zu dieser mysteriösen inneren Energie führen. Erinnern Sie sich an jene Momente, in denen Sie plötzlich über viel Energie verfügten, die – als Reaktion auf ein Ereignis oder einfach so – in Ihnen auftauchte.

Ich erinnere mich beispielsweise an mehrere Vorfälle, bei denen eine große Wut in mir plötzlich Unmengen an Energie freisetzte. Oder Situationen, die geradezu Unmenschliches von mir abverlangten, um jemandem zu helfen, jemanden zu retten, um sein Leben zu kämpfen. Auch durch die Konfrontation mit dem Tod wurde in mir viel Energie mobilisiert. Das kennen Sie vielleicht auch: Wenn Tod und Sterblichkeit plötzlich in aller Deutlichkeit in unser Bewusstsein treten, sind wir auf einmal hellwach und voller Energie. Schließlich wollen wir unser Leben ja nicht (weiter) vergeuden.

Liebe mobilisiert viel Energie, aber auch Musik, Gedichte oder Kunstwerke, die unsere Seele berühren, können diese innere Energie in uns wecken. (Ich spreche hier von Musik, die etwas tief in unserem Innern berührt, an etwas Vergessenes und doch Vertrautes erinnert, das im Alltagsleben in den Hintergrund gedrängt wird – Musik aus der Welt unserer Seele.) Ich erinnere mich an Augenblicke, in denen ich etwas Neues erkannte und die Begeisterung über diese Erkenntnis mich aufweckte, sodass ich auf einmal wieder voller Energie war. Ich erinnere mich an Momente, als mir eine Idee zu einem Lied, einem Buch, einem Gedicht, zu einer Schöpfung kam, und als die Aussicht, diese Schöpfung zu realisieren, meine Energie zum Übersprudeln brachte.

Gehen Sie in sich, und erinnern Sie sich an Ihre besonderen Momente, in denen Sie von innen her voller Energie waren. Sie geben Ihnen Hinweise darauf, wie Sie diese Energie wecken können.

Ich kann neue Einfälle nicht willentlich produzieren, aber ich kann sie mir wünschen und mich dafür öffnen. Allerdings muss ich zwischen meinen Gedanken und meiner Kommunikation mit anderen auch ein wenig Raum dafür lassen. Neuen Einfällen kann ich sogar einen Rahmen geben, auch wenn sie noch gar nicht da sind.

So kann ich zum Beispiel eine Verabredung mit mir selbst treffen: Jeden Abend (Morgen, Mittag ... oder jeden Samstag ...) setze ich mich hin oder gehe spazieren, um neuen Einfällen Raum zu geben. Ich kann jeden Tag 15 Minuten lang schreiben. Und zwar egal was. Hauptsache schreiben, und zwar nonstop. Ein erprobtes Mittel, um mit sich selbst in Kontakt und zu neuen Erkenntnissen oder Einfällen zu gelangen. Oder ich setze mich jeden Tag ans Klavier und spiele eine halbe Stunde lang, egal was. Ohne jeden Druck, etwas Besonderes, Gutes, Schönes oder Originelles erfinden zu wollen. Durch die Regelmäßigkeit schaffe ich einen Rahmen, in dem die Inspiration sich entfalten kann. Je weniger Leistungsdruck, desto besser. Ich erlaube mir, Blödsinn zu spielen. Oder schlecht zu spielen. Es spielt keine Rolle.

Meditation ist eine großartige Technik, um die Energie, die aus dem Innern auftaucht, zum Fließen zu bringen. Mir fällt es leichter, tief in die Meditation zu gehen, wenn ich sie mit etwas anderem einleite. Je nach Bedürfnis mit einem Gebet, mit einem Lied, ein paar Mantras. Immer in Verbindung mit Körperübungen. Da will erst Verkrampfung gelöst und Energie freigeschüttelt werden, bevor ich frei bin für eine tiefe Meditation.

Meist beginne ich die Meditation mit einer Herzensarbeit zu einem Problem, das mich gerade beschäftigt. Wenn Meditation sozusagen der Tempel ist, dann gebe ich meine Probleme nicht an der Garderobe ab, sondern nehme sie mit in den Tempel und mache sie zum Gegenstand einer meditativen Betrachtung. Sobald ich einem Thema, das mich gerade beschäftigt, mit Herzensarbeit auf den Grund gegangen bin, stellt sich ganz von selbst ein meditativer Zustand ein, in dem das übliche Gedankengeplapper zum Schweigen kommt und ich in eine tiefe und sehr lebendige und inspirierende Stille eintrete. Damit bin ich an der Quelle meiner inneren Energie angelangt. Ich bin einfach still und gebe ihr Raum.

Ich sorge für den inneren Energiequell, indem ich ihm Raum gebe und indem ich ihn nutze. Ihm Raum geben heißt: Rückzug, Auszeit, Meditation. Ihn nutzen bedeutet: Handeln. Erschaffen. In die Welt bringen.

Bei sich sein – außer sich sein

Wo ist Ihre Aufmerksamkeit, während Sie dies hier lesen? Natürlich bei der Lektüre, werden Sie sagen. Wenn Sie sich in die Lektüre hineinziehen lassen, alles rund um sich herum vergessen, die Sinneseindrücke nicht mehr wahrnehmen – wie es oft bei einem spannenden Roman der Fall ist –, dann sind Sie nicht bei sich, sondern »außer sich«.

Aber müssen Sie sich selbst im Stich lassen, um meinen Worten zu folgen, einen Roman zu genießen oder einen Film anzuschauen? Was wäre, wenn Sie bei sich blieben?

Probieren Sie es aus. Lesen Sie weiter, und spüren Sie gleichzeitig Ihren Körper und Ihren Atem. Seien Sie sich Ihrer Umgebung bewusst.

Merken Sie, dass das einen Unterschied macht?

Wenn Ihnen das schwerfällt, probieren Sie eine andere Übung: Lesen Sie wie gewohnt, lassen Sie Ihre Aufmerksamkeit voll und ganz von der Lektüre fesseln. Nach einer Weile unterbrechen Sie das Lesen. Kommen Sie zu sich. Spüren Sie Ihren Atem. Ihren Körper. Nehmen Sie die Sinneseindrücke wahr. Ihre Umgebung. Die Geräusche. Vielleicht merken Sie dann, dass Ihr Körper ein Bedürfnis anmeldet – nach Bewegung, Strecken, Sie haben Hunger oder Durst oder fühlen sich durch die Lektüre eigentlich angestrengt und brauchen eine Pause. Oder Sie werden auf Ihre emotionale Reaktion aufmerksam. Vielleicht fühlen Sie sich freudig oder begeistert durch das, was Sie gelesen haben, oder angeregt, voller neuer Ideen – geben Sie diesen Emotionen Raum. Oder Sie fühlen sich mutlos und überfordert. Wenden Sie sich diesen Gefühlen zu. Entscheiden Sie dann, ob Sie jetzt weiterlesen oder ein anderes Mal. Oder gar nicht.

Nach »außer sich sein« brauchen wir »bei sich sein«. Kontakt mit der Welt – Rückzug. Dann wieder Kontakt. Dann wieder Rückzug. Um gesund zu sein, sich wohlzufühlen, in Harmonie mit sich und seiner Welt zu sein, müssen Yin und Yang im Gleichgewicht sein. Einatmen, ausatmen. Schlafen, wachen. Passiv sein, aktiv sein. Rezeptiv sein, ausstrahlen.

Wir essen, dann brauchen wir Zeit zum Verdauen. Essen wir zu viel und zu oft und geben dem Verdauungsprozess nicht genügend Zeit, werden wir krank. Ähnlich ist es mit dem Verdauen der Eindrücke aus der Außenwelt. Offenbar wird durch ein Zuviel an Sinneseindrücken sogar unser

Stoffwechsel überanstrengt, wodurch der Körper übersäuert.[1]
Auch im Interesse unserer körperlichen Gesundheit brauchen wir also Auszeit vom »Input« durch die Außenwelt.

Reden und Schweigen

Schweigen kann ebenfalls ein Weg sein, um sich innerlich Auszeit zu nehmen. Man muss nicht immer reden, man kann auch mal schweigend zusammensitzen, schweigend eine Mahlzeit zu sich nehmen. Schweigen kann allerdings Angst und Unsicherheit auslösen. Manche Menschen, meist Frauen, überbrücken die Stille durch Reden, um Beziehung herzustellen. Als sei keine Beziehung mehr vorhanden, sobald kein Wort mehr gewechselt wird (diese Angst kann unbewusst auch dahinterstecken).

Wie auch immer: In einer Zusammenkunft einmal nichts zu sagen, einfach bei sich zu bleiben, schweigend seine Energie zu sammeln, seinen Atem zu spüren, ist eine Mini-Auszeit, die Sie sich jederzeit nehmen können. Lassen Sie ruhig die anderen reden! Sie können ja ab und zu jemanden anlächeln oder bestätigend nicken, wenn Sie nicht auffallen möchten.

Bewege ich meine Aufmerksamkeit immer wieder zurück zu mir, zu meinem Körper und meinen Sinneswahrnehmungen, dann verliere ich nicht so viel Energie. Meine Energie zerstreut sich nicht, da ich sie immer wieder sammle. Der kurze »Zwischenstopp« gibt mir die Möglichkeit wahrzunehmen, wie ich mich gerade fühle, welches Bedürfnis ich gerade habe. Selbst beim Reden kann ich immer wieder kurz innehalten und mich besinnen.

---

1   Aussage von Dr. med. Wilhelm Höfer, gelesen in Raum & Zeit 218/ 2019, S. 57

Fremdbestimmt oder selbstbestimmt?

Die Fähigkeit, zentriert und aufmerksam zu bleiben (statt unbewusst und zerstreut), war immer schon wichtig für alle, die materiell oder geistig etwas erreichen wollten. Heute ist diese Fähigkeit wichtiger denn je, da durch das Internet und die neuen Möglichkeiten der digitalen Technologien ständig mit Angeboten auf uns eingewirkt wird.

Zum Beispiel möchten Sie sich in einem Videokanal im Internet einen Vortrag von Dr. X zum Thema Y anschauen. Rechts daneben in der Spalte, in der weitere Videos angezeigt werden, entdecken Sie einen Film von Dr. Z. zum selben Thema. Interessant! Klick! Ach nein, zu langweilig. Daneben lockt ein Video über Thema XY. Öffnen. Reinschauen. Ist Blödsinn. Vielleicht einfach ausschalten? Nein, noch nicht, irgendwie muss sich doch noch etwas Lohnendes finden lassen. Sie suchen weiter in den Angeboten. Hier, das ist interessant! Zwar ein ganz anderes Thema, aber egal. Nicht schlecht. Und da, noch ein interessantes Video! Auch wenn es wieder um etwas ganz anderes geht. Aber jetzt wird Ihnen alles zu langwierig, zu anstrengend: lieber etwas Witziges angucken. Da, ein Komiker, den Sie noch nicht kennen. Klick. Na ja. Komisch ist etwas anderes. Besser auf den guten, alten Loriot zurückgreifen, da weiß man, was man hat … was gibt's da überhaupt von ihm … klick … ach nein, das kennen Sie alles auswendig. Vielleicht dieser Wie-heißt-der-noch … such … scroll … klick … Am Schluss nichts Richtiges gefunden. Sie fühlen sich leer, erschöpft, unzufrieden. Und übrigens, fragen Sie sich, wozu bin ich eigentlich ursprünglich in den Videokanal eingestiegen?

So haben Sie Ihr eigenes Ziel verloren, während Sie sich von den Angeboten haben verführen lassen. So geht es mit unserem ganzen Leben, wenn wir nicht Meister unserer Aufmerksamkeit und nicht bei uns sind. Unbewusst angelockt, hypnotisiert, willensschwach, süchtig nach Informationen, Reizen, nach irgendetwas. Unsere eigenen Ziele, unsere eigenen Absichten vergessend, ja letztendlich sogar unseren Lebensplan, uns ziehen, treiben, stoßen lassend, statt entschieden unseren eigenen Weg zu gehen.

Bildschirme machen süchtig. Ob es nun der Screen des Smartphones ist, der des Computers oder der des Fernsehers. Wie bei jeder Sucht handelt es sich dabei nicht nur um eine psychologische Abhängigkeit, sondern um eine körperliche, fest im Gehirn verankerte Realität. Man wird sie nicht los, indem man sie bekämpft – man wird sie los, indem man sich einmal anders verhält. Und dann noch einmal. Und noch einmal. Bis das andere Verhalten sich ebenso fest ins Gehirn eingeprägt hat wie vorher das Suchtverhalten.

Wenn Sie unter Bildschirmsucht leiden und sich davon befreien möchten, kann Ihnen die Körperzentrierte Herzensarbeit helfen. Schauen Sie sich mithilfe der Methode das ganze Thema einmal gründlich an, und öffnen Sie Ihr Herz für alle Gefühle, die dabei auftauchen: Auf der einen Seite die Sehnsucht nach Befreiung von der Sucht, auf der anderen Seite Angst – aber wovor? Vor Verlust? Langeweile? Alleinsein? Etwas zu versäumen? Oder die Angst vor dem Nichts? Oder vor der nackten Realität? Doch darunter liegt ein Schmerz. Der Schmerz, auf den diese Angst sich bezieht. Es gibt aber auch das gute Gefühl, das sich einstellt, wenn Sie sich vorstellen, diese Sehnsucht hätte sich erfüllt. All diese Gefühle können Sie sich in der Herzensarbeit über den Körper bewusst machen. Eins nach dem anderen finden sie ihren Platz im Herzen und hören auf, Sie zu tyrannisieren.

Sie müssen nicht das ganze Thema auf einmal anschauen, Sie können es auch aufteilen. Beispielsweise erst das ganze negative Paket – Angst und was dahintersteckt –, und später das positive Paket, beginnend mit der Sehnsucht nach Befreiung und endend mit dem guten Gefühl, das sich einstellt bei der Vorstellung, frei zu sein. Achten Sie auch auf Widerstände. Schieben Sie einen Widerstand nicht zur Seite, sondern lassen Sie ihn reden, spüren Sie in Ihren Körper hinein, und entdecken Sie die Gefühle, aus denen er sich zusammensetzt. Öffnen Sie auch für diese Gefühle Ihr Herz. Vielleicht haben Sie diese Gefühle von anderen übernommen und können sie nun zurückgeben. Ans Kollektiv? Oder an bestimmte Personen, die Ihnen vielleicht ihre Interessen aufoktroyieren wollen? Unterscheiden Sie klar zwischen Ihren Interessen und denen der Unternehmen und Gruppierungen, die Sie in ihr Netz (»Web«) ziehen wollen. Weisen Sie die fremden Interessen als nicht zu Ihnen gehörend zurück. Kümmern Sie sich um Ihre eigenen.

Wenn Sie sich von der Sucht befreit haben, werden Sie wahrscheinlich die Freude wiederentdecken, ein körperliches Wesen in einer real erlebbaren Welt zu sein, zusammen mit dem Genuss, der Sinnlichkeit, der Lebensfreude, die damit verbunden sind. Sie spüren, dass Ihre Seele wieder dabei ist, Sie blühen auf. Und Sie sind auf einmal kein Spielball der diversen Marken, Menschen und Interessengruppen mehr, die um Ihre Aufmerksamkeit buhlen, sondern haben Ihre Selbstbestimmung wiedergefunden. Sie sind bei sich. In Ihrer Mitte.

Allerdings handelt es sich bei den digitalen Geräten nicht nur um Suchtmittel, sondern sie haben auch einen praktischen Nutzen, auf den Sie nicht komplett verzichten wollen.

Und sei es nur, weil Sie sie für Ihre Arbeit brauchen. Bedenken Sie aber beim Umgang mit Handy, Smartphone, Tablet, Laptop, dass die Schiene »Sucht« immer noch in Ihrem Gehirn eingegraben ist. Gehen Sie deshalb besonders achtsam mit sich selbst um, wenn Sie diese Geräte nutzen, sonst finden Sie sich gleich wieder auf der alten Schiene. Aber anstatt nun zu denken »Ich soll das Gerät weniger nutzen«, richten Sie lieber Ihre Aufmerksamkeit auf etwas anderes, eine andere Tätigkeit, etwas, das sich nicht auf dem Bildschirm abspielt.

Wenn die Sucht Sie wieder einzufangen droht – das merkt man ja, wenn man ehrlich mit sich selbst ist –, halten Sie inne, und sagen Sie zu sich: »Stopp. Erst schaue ich mir mal mein aktuelles Gefühl an – und dann entscheide ich, was ich tue.« Verbieten Sie sich nichts, sondern legen Sie einen Stopp ein für eine – je nach Bedarf ausführliche oder kurze – Herzensarbeit. Auf diese Weise erobern Sie sich nach und nach Ihre Freiheit zurück.

Atem-Meditation

Beobachten Sie den Atem.

Beobachten Sie, wie Ihr Atem sich verlangsamt, ganz von selbst, während Sie bei ihm sind.

Mit dem Ausatmen nehmen Sie nun bewusst wahr, wie Ihre Aufmerksamkeit sich nach außen richtet, in die Welt um Ihren Körper herum.

Mit dem Einatmen beobachten oder imaginieren Sie die Gegenbewegung: zurück zu Ihnen, in die Körpermitte.

Ausatmen: Außenwelt; einatmen: Körpermitte
Ausatmen: zerstreuen, ausdehnen; einatmen: zusammenziehen, konzentrieren
Einatmen: bei mir; ausatmen: außer mir 🦋

Sie können diese Atemkonzentration fortsetzen, solange es Ihnen angenehm ist. Sie können sie auch vertiefen, indem Sie sie zu einer ausführlichen Kontemplation gestalten. Lassen Sie die Aufmerksamkeit mit dem Ein- und Ausatmen gehen wie oben beschrieben, und betrachten Sie dabei die Beziehung zwischen Ihrem körperlichen Ich und der Außenwelt.

Hier ein paar Beispiele für Verhaltensweisen, die Sie aus der Mitte bringen, also von sich weg, und für ein Verhalten, das Sie zu sich, in Ihre Mitte bringt.

Das bringt Sie von sich weg:	Das bringt Sie zu sich zurück:
Reden	Schweigen
Sofort reagieren	Erst einmal durchatmen
Emotion ausdrücken	Emotion fühlen
Morgens als Erstes E-Mails, SMS, WhatsApp checken	Morgens als Erstes sich selbst checken: Wie fühlst du dich? Was brauchst du? Wonach sehnst du dich? Was ist dir heute wichtig?

Das bringt Sie von sich weg:	Das bringt Sie zu sich zurück:
Planlos im Internet surfen	Gezielt und konzentriert surfen
Sich von Filmen, Videos, Geschichten hypnotisieren lassen	Sich fühlen, während Sie Filme anschauen oder Geschichten lesen oder hören
Sich verwickeln und verstricken lassen	Beobachter bleiben
Verliebt sein	Verliebtheit fühlen
Wütend sein	Wut fühlen

Die Intimität mit sich selbst entdecken

Es gibt einen Zustand der Intimität mit sich selbst, mit seinem Innersten, den man bei einem Rückzug entdecken kann. Es bedeutet, etwas Kostbares, Unzerstörbares im eigenen Herzen gefunden zu haben, eine stille, lebendige Gegenwart, so als sei man verliebt, und der/die Geliebte sei nicht außerhalb, sondern innerhalb, im eigenen Herzen.

Diese Gegenwart leuchtet in deinem Herzen, strahlt durch deine Augen, verklärt deinen Blick, und plötzlich kannst du diese Gegenwart auch in anderen Menschen wahrnehmen, aber auch in Bäumen, Blumen, Tieren, also in allem, was dich umgibt. Du erlebst dich als Teil einer Zauberwelt. Einer Welt, in der alles beseelt und lebendig ist, einer Welt, die nicht nur du wahrnimmst, sondern die auch dich wahrnimmt, ein »Du«.[2]

In einem Besinnungsrückzug können Sie diesen Zustand der Intimität mit sich selbst entdecken. Von diesem Moment an haben Sie in Ihrem Innern immer einen Bezugspunkt, etwas, das Halt gibt, Bedeutung verleiht und Liebe und Motivation aktiviert. Manche nennen es Gott. Andere sagen einfach »das innere Selbst« oder »die Seele«.

Ein mehrtägiges spirituelles Retreat ist ein guter Weg, um diese Intimität zu erleben, ebenso die Praxis der täglichen Meditation, sei es am Morgen oder am Abend.

Entspannung trotz Elektrosmog

Bei sich sein. Nichts tun. Noch nicht einmal denken. Einfach da sein. Welche Erholung! Wie wunderbar entspannend! Aber wer ist heute überhaupt noch in der Verfassung, die solche Muße zulässt? Selbst im Krankenbett haben viele noch ihr Handy dabei, pflegen weiter ihre Kontakte, und wenn sie nicht auf den kleinen Bildschirm von Smartphone oder Tablet schauen, dann auf den großen Bildschirm des Fernsehers. Manche, die nicht bildschirmsüchtig sind, brauchen Lektüre, um sich entspannen zu können.

Was macht es uns so schwer, uns einfach zu entspannen, auszuruhen, nichts zu tun?

---

2   Diese Welt habe ich beschrieben in meinem Buch »Der Zauber der Intimität«.

Wir können es nicht aushalten, wenn unser Geist nicht mit etwas beschäftigt ist. Die spirituellen Meister früherer Epochen berichten bereits davon, dass man den Geist zähmen muss, damit er nicht herumgaloppiert wie ein wildes Pferd. Sie empfehlen verschiedene Methoden, um den Geist zu zähmen: zum Beispiel die Konzentration auf einen Gegenstand, die Kunst der konzentrierten, meditativen Bewegung oder das Wiederholen von Wörtern.

Heute aber kommt ein neuer Faktor hinzu, der die Entspannung schwer macht bis verhindert: die elektromagnetische Verschmutzung unserer Atmosphäre durch digitale Technologien, durch alles, was draht- und kabellos durch die Luft strahlt, wie mobile Telefonie und mobiles Internet, WLAN und Schnurlostelefone. Als Träger der digitalen Kommunikation dienen elektromagnetische Felder, die künstlich erzeugt werden und die Atmosphäre um uns herum drastisch verändern, schon allein durch die Spannung (Volt), mit der die Luft aufgeladen wird. Manche dieser elektromagnetischen Felder scheinen keinen oder nur geringen Einfluss auf uns zu haben, andere jedoch haben große Wirkung. Elektromagnetische Felder schwingen in bestimmten Frequenzen, gemessen in Hertz (wie Musiknoten), und manche dieser Frequenzen ähneln Frequenzen, die von Natur aus auch in unserem Körper vorkommen. Mit jenen Frequenzen tritt unser Körper in Resonanz, und das bedeutet, dass sie Wirkungen in uns auslösen.

Zu den beobachteten Wirkungen zählen eine verringerte Konzentrationsfähigkeit sowie eine übermäßige Anregung bestimmter Gehirnregionen, vor allem der Teil des Vorderhirns, der für das Denken zuständig ist. Es fällt uns schwerer als früher, das Denken abzuschalten.

Das sind schlechte Voraussetzungen, um zur Ruhe zu kommen. Wenn ich zwar nicht arbeite, aber nicht aufhören kann, im Geist zu arbeiten, ist mit meiner Auszeit nicht viel gewonnen. Rein geistige Maßnahmen reichen nicht aus, um uns trotz dieser allgegenwärtigen störenden Frequenzen in einen Ruhezustand versetzen zu können. Wir brauchen körperliche Maßnahmen, um unser Gehirn und unseren Körper vom Elektrostress zu befreien:

- Wir müssen uns erden, um die überschüssige Elektrizität loszuwerden.
- Wir müssen unser Gehirn von dem Stress befreien, der durch den Kontakt mit Bildschirmen und störenden Frequenzen entsteht.
- Wir müssen die Anspannung unseres Körpers (seine Reaktion auf den Elektrostress) auflösen.

Den Körper entladen

Durch all die elektrischen und elektronischen Apparate, mit denen wir uns ständig umgeben, sowie durch die künstlichen elektromagnetischen Felder in der Luft laden wir uns elektrisch auf. Wenn wir zur Ruhe kommen und uns entspannen wollen, müssen wir diese Ladung loswerden. Wir müssen unseren Körper »erden«. Denn Spannung entlädt sich in die Erde, die Erde absorbiert sie. Dazu bedarf es eines »Leiters«, zum Beispiel Metall, am besten Kupfer, oder Wasser. Alles, was Wasser mit Erde oder ein leitfähiges Metall bzw. Metall + Wasser mit Erde verbindet, kann das Zuviel an Elektrizität aus Ihrem Körper ableiten.

Am besten erdet man den Körper genauso wie die elektrischen Leitungen eines Gebäudes: durch einen Erdungsstab, der tief in den Boden eingegraben wird, zum Beispiel im Garten. Sie brauchen dafür eine hohle Kupferstange mit einer Länge von 2,50 m. Klopfen Sie ein Ende flach, damit Sie es leichter in die Erde treiben können. Graben Sie es senkrecht ein, und lassen Sie etwa 50 cm herausragen. Stellen Sie eine Sitzgelegenheit daneben, sodass Sie einige Minuten bequem sitzen und dabei mit einer Hand den Kupferstab umfassen können. Halten Sie die Erde um den Stab herum feucht. Kupfer und Wasser leiten Ihre überschüssige Elektrizität in die Erde.

Wenn Sie diese Möglichkeit nicht haben, können Sie sich durch Barfußlaufen in nassem Gras oder auf feuchtem Erdboden entladen, beim Duschen, wobei der Kopf einbezogen werden muss, durch ein Meersalzbad oder ein Bad im Meer.

Erdung ist übrigens keine »Einbahnstraße«: Wenn Sie barfuß laufen, findet ein Ionenaustausch zwischen Ihren Füßen und der Erde statt. Sie geben nicht nur etwas ab – überschüssige Elektrizität –, sondern Sie bekommen auch etwas: frische Energie.

Das Gehirn vom Elektrostress befreien

Bei längerer Computerarbeit, vielen Handytelefonaten oder überhaupt viel Elektrosmog entsteht eine Störung im Gehirn, die man in der Kinesiologie »Switching« nennt. Bei einem »geswitchten« Gehirn arbeiten die beiden Gehirnhälften nicht mehr richtig zusammen. Die Folgen sind Denkblockaden, Stress, Überforderung. Um das wieder in Ordnung zu bringen, müssen wir uns »entswitchen«.

Dabei helfen alle Über-Kreuz-Bewegungen: Rechtes Bein und linker Arm oder linkes Bein und rechter Arm bewegen sich gleichzeitig nach vorn (wie beim Tanzen oder

Marschieren) oder rechtes Knie und linker Ellenbogen berühren sich und umgekehrt. Massieren Sie über Kreuz die Augenbrauen und dann die Ohren, ohne dass sich die Arme berühren (schwierig, aber machbar). Sie finden die wichtigsten Entswitching-Übungen im Internet auf YouTube (von Dr. Manfred Doepp vorgestellt). Jede dieser Übungen muss mindestens 20 Sekunden lang durchgeführt werden.

Den Körper entspannen

Für die Entspannung des Körpers habe ich meinen eigenen Trick: Erst entlade ich meinen Körper und entswitche mein Gehirn wie eben beschrieben. Dann mache ich eine kleine Serie von Spontanübungen, in denen ich dem Körper erlaube, sich über spontane Bewegungen zu entladen, zu entspannen oder zu energetisieren. Ich lasse eine Bewegung aus dem Körper heraus auftauchen, die sich ganz von selbst mit einem Laut verbindet. Ich nenne diese Übung »Meine Spontan-Bewegungs-und-Ton-Übung«. Sie finden sie (ebenso wie das Entladen und Entswitchen) im Kapitel »Werkzeuge, die Sie für jeden kürzeren oder längeren Rückzug brauchen können«.

Wenn Sie Ihren Körper sich auf diese Weise durch Ton und Bewegung ausdrücken lassen, sollten Sie sich nach wenigen Minuten bereits viel besser fühlen – entspannter, freier, frischer und voller Energie. Ich führe jede Bewegung dreimal aus, stehe dann still, spüre nach, welches Bedürfnis sich noch meldet, und folge diesem durch eine weitere Bewegungs-Ton-Kombination, wieder dreimal durchgeführt, und so fort, bis ich zufrieden bin.

Der Zwangs-Stopp oder Warum habe ich das nicht längst entdeckt?

Gerade erst aufgestanden, ziehe ich die Sockenschublade auf, greife zu einem Paar frischer Strümpfe und – aua! – habe offenbar eine falsche Bewegung gemacht. Irgendetwas in meinem Rücken ist ausgerastet und irgendetwas eingeklemmt. Ein beängstigender Schmerz. Dieser kleine eingeklemmte Nerv zwingt mich heraus aus meiner täglichen Routine. Auf einen Stuhl im Garten. Sonne von vorne, Wärmflasche hinten, ausruhen. Wie lange habe ich nicht mehr friedlich in der Sonne gesessen? Mich einfach mal nur um mich gekümmert? Man bringt mir einen wunderbaren heißen Tee in einer hübschen englischen Tasse mit einem bunten Vogel darauf und wunderschönen exotischen Blumen. Das Bild weckt irgendeine Erinnerung in mir. Sehnsucht steigt auf, Tränen fließen. Der Schmerz in meinem Rücken wird davon nicht besser, aber ich bin auf einmal wieder in Kontakt mit meinem Herzen. Wie gut das tut!

Warum habe ich mir nicht längst eine Auszeit genommen? Muss ich denn erst krank sein, um mir das zu erlauben? Hätte ich mich nicht längst mal in der Sonne entspannen können? Worauf habe ich so lange gewartet, um endlich einmal nichts zu tun? Und warum rührt mich dieser Vogel mit den Blumen erst jetzt zu Tränen, obwohl ich seit Jahren aus dieser Tasse trinke?

Wenn ich es versäume, mir Erholungspausen zu gönnen, kann mir mein Körper zu Hilfe kommen, indem er mir ein Symptom beschert, das mich zwingt, mal alles loszulassen und zu ruhen. Eine Erkältung, eine Grippe, eine kleine Verrenkung … eben eine Zwangs-Auszeit.

Teil III

Eintägige Auszeiten ohne besondere Vorbereitung

In diesem Kapitel stelle ich Ihnen eintägige Auszeiten vor, die jeweils einem bestimmten Zweck dienen. Dafür benötigen Sie keine besonderen Kenntnisse oder Gegenstände. Nur für den Klärungs-Rückzug sollten Sie die Körperzentrierte Herzensarbeit kennen (s. Kapitel »Die Körperzentrierte Herzensarbeit – Mein Universalwerkzeug für den Besinnungs-Rückzug und das ganze Leben«). Auch für den Rückzug zu zweit wäre die Kenntnis der Herzensarbeit gut, ist aber nicht zwingend notwendig.

Nacheinander werden Sie kennenlernen:

- den »Ich-Tag«, besonders geeignet für Menschen, die ihre eigenen Bedürfnisse oft zurückstellen,
- das »Prinzip Freier Sonntag«, ein ungefährliches Abenteuerspiel, bei dem es um Intuitionstraining geht,
- das 24-Stunden-Fasten, bei dem Sie 24 Stunden lang keine Nahrung und keinen geistigen »Input« zu sich nehmen,
- den Klärungs-Rückzug, der Ihnen nützen wird, wenn Sie eine Angelegenheit klären und zur richtigen Entscheidung gelangen möchten,

- den Nicht-Existenz-Tag, wenn Sie zu jenen gehören, die sich ab und zu der Existenz verweigern und die Decke über die Ohren ziehen möchten,
- die Entspannungs-Auszeit, in der Sie neben angenehmen Wohlfühl-Tätigkeiten vor allem den Ursachen für Ihre Anspannung auf den Grund gehen können,
- den Besinnungs-Rückzug zu zweit, geeignet, um die »Tretminen« in der Partnerschaft zu entschärfen oder einfach nur die Herzensbeziehung zu vertiefen.

Für jede dieser Auszeiten brauchen Sie einen freien Tag und den Mut, sich für die Dauer dieses Tages zu »de-connecten«, um sich mit sich selbst zu »re-connecten«. Viel Freude dabei!

Der Ich-Tag

Dies ist eine Übung hauptsächlich für Menschen, die nicht allein leben, eignet sich aber auch für Alleinlebende, die unter der Vernachlässigung von Herz und Seele leiden. »Ich-Tag« heißt: Einen lieben langen Tag lang bin ich nur für mich selbst da.

Zur Vorbereitung treffen Sie eine Verabredung mit den Menschen, mit denen Sie zusammenleben. Sie teilen ihnen mit, dass Sie einmal pro Woche oder pro Monat (oder wie oft auch immer) ab sofort einen Ich-Tag einrichten möchten (und schlagen dem Partner oder der Partnerin vor, das ebenfalls zu tun, falls er/sie das Bedürfnis danach verspürt).

Der Ich-Tag beginnt morgens mit dem Aufstehen und endet abends mit dem Zubettgehen. Sie sind nicht verpflichtet, danach zu erzählen, wie er verlaufen ist, können es aber tun, wenn Sie es möchten. Natürlich handeln Sie an diesem Tag im Rahmen der grundsätzlichen Verabredungen, die Sie für Ihre Beziehung getroffen haben (beispielsweise Treue in der Ehe oder nicht einfach unangekündigt eine Reise anzutreten) sowie auch jener, die Sie mit sich selbst getroffen haben (beispielsweise werden Sie den Ich-Tag nicht nutzen, um eine alte Sucht wiederzubeleben, von der Sie sich bewusst und absichtlich befreit haben).

Außer diesen Einschränkungen gibt es für die Gestaltung des Ich-Tages nur eine Regel: Tu von Augenblick zu Augenblick das, was du möchtest. Mach keine Pläne, handle spontan. Möchtest du bis mittags schlafen oder im Gegenteil ausnahmsweise einmal um fünf Uhr aufstehen, dann tu genau das. Möchtest du gebratene Bohnen zum Frühstück und Sahnetorte zum Abendessen, dann gönne dir genau das.

Du kannst spazieren gehen, einen Ausflug machen, zu Hause bleiben, dir Zeit nehmen, für dich da zu sein, kannst Dinge tun, die dir sonst nie einfielen oder für die du sonst nie genügend Zeit oder Ruhe hast, vorausgesetzt, sie tun dir gut und du möchtest sie gern tun. Auf dem Teppich liegen und Musik hören. Ein Fußbad nehmen. Einem plötzlich auftauchenden Appetit folgend Artischockenherzen und Sardellen besorgen und zum Nachtisch Schokoladenmousse. Du kannst dir aber auch eine Massage geben lassen, in die Nachmittagsvorstellung des Kinos gehen …

Es geht darum, dir selbst ein Fest zu veranstalten, dich zu verwöhnen.

Für mich war jeder Ich-Tag besonders und an Qualität und Intensität des Erlebens durchaus zu vergleichen mit einem Tag, den man mit einer Person verbringt, in die man sich gerade verliebt hat.

Prinzip Freier Sonntag

Diese Übung ist für Sie geeignet, wenn Sie Ihre Intuition schulen möchten.

Warum Sonntag? Sonntags wird nicht gearbeitet. Sonntage haben eine ganz besondere Stimmung – festlich, erwartungsvoll. Alltag ist die Pflicht, Sonntag die Kür (falls Sie keine familiären Sonntagsverpflichtungen haben).

Falls Sie zu jenen Menschen gehören, die Sonntage deprimierend finden, verwandelt diese Übung vielleicht Ihren Sonntag in etwas Spannendes. Welchen Wochentag Sie wählen, ist dabei eigentlich egal, es muss nicht Sonntag sein, aber der Tag, den Sie für diesen Rückzug aussuchen, sollte für Sie »Sonntag« sein, also ein Feier-Tag.

Es gibt einen subtilen, aber entscheidenden Unterschied zum »Ich-Tag«: Beim Ich-Tag geht es darum, radikal das zu tun, was Sie gern tun möchten, was Ihnen Freude macht, sich selbst zu verwöhnen. Beim »Freien Sonntag« geht es darum, von Augenblick zu Augenblick Ihrer Eingebung zu folgen. An diesem besonderen Tag feiern Sie die Intuition. Die Tatsache, dass Sie ein inneres Wissen haben, eine innere Stimme, die Sie führen kann und der Sie vertrauen können.

Um sich von der inneren Stimme sicher führen zu lassen, müssen Sie schnell sein und ihr sofort gehorchen, wenn sie sich meldet. Sie dürfen sich keine Zeit zum Nachdenken geben und keine Zeit, Angst zu entwickeln. Wenn es um wichtige Entscheidungen geht, hat man oft Angst, der inneren Stimme zu folgen: Man ist unsicher, es steht zu viel auf dem Spiel. Deshalb ist es sinnvoll, sich für ein Intuitionstraining einen spielerischen Rahmen zu schaffen. Genau das habe ich beabsichtigt, als ich das »Prinzip Freier Sonntag« erfunden habe.

Eine gute Ausgangsbasis dafür ist ein Spaziergang in einer abwechslungsreichen Umgebung, also idealerweise einer Stadt oder einem Städtchen. Sie können sich einen ganzen Tag dafür Zeit nehmen – aber es ist auch nicht verboten, schon nachmittags wieder zu Hause zu sein.

Wenn Sie das Haus verlassen, brechen Sie zu einem Abenteuerspiel auf, dessen einzige Regel darin besteht, Ihrer Eingebung zu folgen. Nehmen Sie Ihre Wünsche wahr. Beispielsweise merken Sie beim Verlassen des Hauses, dass Sie Lust haben, einen sehr guten Kaffee in einer neuen Umgebung in einem gemütlichen Café zu trinken. Gut! Stellen Sie sich vor, Sie säßen schon dort, hochzufrieden, mit Ihrer Tasse Kaffee in der Hand. Und nun folgen Sie einfach Ihren spontanen Impulsen. Lassen Sie die Logik aus dem Spiel. Wenden Sie sich nach rechts, wenn Sie das Gefühl haben, Sie sollen sich nach rechts wenden, und nach links, wenn die innere Stimme »links« sagt. Wenn es Ihnen ähnlich geht wie mir, werden Ihre Schritte Sie automatisch zu Ihrem Ziel führen. Und wenn sie Sie nicht zu Ihrem Wunschziel führen, dann aber zu etwas für Sie Wichtigem oder Wunderbarem. So habe ich, blindlings der inneren Stimme folgend, einmal einen alten Bekannten wiedergetroffen, den ich längst ausfindig machen wollte, weil ich dringend eine Auskunft von ihm brauchte.

Das gleiche Prinzip lässt sich natürlich auf alles anwenden, ob Sie auf einer Reise sind, einer Spazierfahrt, einer Radtour. Oder absichtslos spazieren gehen, falls keine spezifischen Wünsche auftauchen und Ihnen alles recht ist. Ihren Eingebungen folgen. Ganz spontan.

Grundprinzip: Wunsch wahrnehmen – der Eingebung folgen. Und zwar sofort. Ohne nachzudenken oder zu zögern.

Verboten: Pläne, durchdachte Absichten, nachdenken, infrage stellen

Geboten: Dem ersten Impuls oder Gefühl folgen

Das ist alles!

Wenn Sie das »Prinzip Freier Sonntag« einige Male ausprobiert haben, können Sie es auch zu zweit üben. Als Paar muss man ja viele Entscheidungen gemeinsam treffen, und oft gehen die Meinungen auseinander, was das Richtige sei. Probieren Sie das »Prinzip Freier Sonntag« gemeinsam aus. Es ist ein bisschen umständlicher, weil Sie bei jeder Entscheidung prüfen müssen, ob beide das gleiche Gefühl haben. Nehmen Sie es als Übung, das heißt, es darf auch schiefgehen. Beobachten Sie, was passiert, wenn Sie zwei unterschiedliche Impulse haben – der eine will rechts, die andere links abbiegen –, beobachten Sie, wer gewinnt und warum, und was dann passiert. Analysieren Sie in der Rückschau, ob ein Partner vielleicht mal sein erstes Gefühl übergangen hat.

Das funktioniert allerdings nur, wenn beide Partner Intuitions-Fans und offen dafür sind, das Eingebungs-Prinzip radikal anzuwenden. Verhalten Sie sich wie Übungspartner. Erwarten Sie keine Ergebnisse, sondern erleben Sie das Ganze als gemeinsames Abenteuerspiel.

Übrigens: Die Intuition taucht nicht deutlich erkennbar oder als »Intuition« gekennzeichnet auf. Sondern einfach als der erste Impuls, das erste Gefühl, der allererste Gedanke. Bevor sich die Stimme des Verstandes, der Angst, des Zweifels meldet.

Halten Sie also nicht Ausschau nach einer besonderen »inneren Stimme«, sondern folgen Sie einfach dem ersten Gefühl.

Und wichtig: Lassen Sie Ihr Handy ausgeschaltet – und nutzen Sie auf keinen Fall Ihr GPS, falls Sie mit dem Auto unterwegs sind! Das würde alles verderben.

24-Stunden-Fasten

Das Rezept für diesen Rückzug ist einfach: 24 Stunden lang nichts essen, mit niemandem sprechen, nicht lesen, nicht fernsehen, kein Internet. Also eine absolute Auszeit.

Sie benötigen nichts, außer vielleicht Möglichkeiten, um sich manuell zu beschäftigen. Aber Achtung: Es geht um Muße. Es ist kein Tag für große oder unerledigte Arbeiten! Sie dürfen Hausarbeiten verrichten, basteln, aufräumen, ruhen, nähen, aus dem Fenster schauen, auf dem Sofa liegen, träumen … Lesen verboten! Telefonieren verboten! Kein »Input«. Schreiben, ja – nur für Sie selbst, nicht im Sinne von Arbeit. Sondern: schweigen. Alleinsein, bei sich sein, für sich da sein. Fasten. Tun, was Ihnen guttut.

Essen: verboten. Trinken: Wasser, warm oder mit Zimmertemperatur, oder Kräutertee. Feiern Sie diesen Fastentag als Rückzug von der Welt, eine Besinnung auf das Einfach-nur-da-Sein, ein Rendezvous mit sich selbst. Als Reinigung und als Erholung von allem. Dazu brauchen Sie Raum für sich, ohne Gesellschaft. Höchstens mit Schweige-Verabredung.

Den nächsten Tag beginnen Sie mit kleinen, leichten Mahlzeiten. Beobachten Sie, ob das Fasten Ihre Aufmerksamkeit dafür geschärft hat, was Ihnen guttut und was nicht. Treffen Sie eine Verabredung mit sich selbst. Vielleicht für einen neuen 24-Stunden-Fastentermin oder für regelmäßige Wiederholungen.

Der Klärungs-Rückzug

Sie ziehen sich für einen Tag zurück, um Klarheit über etwas zu gewinnen: eine Situation, ein Ereignis, eine Beziehung – um dann eine Entscheidung treffen zu können. Dabei hilft Ihnen die Körperzentrierte Herzensarbeit (s. »Die Körperzentrierte Herzensarbeit – Mein Universalwerkzeug für den Besinnungs-Rückzug und das ganze Leben«).

Sie können natürlich auch eine andere Zeitdauer wählen. Einen halben Tag, zwei oder drei Tage. Wichtig ist nur: Es sollte immer eine »Leerzeit« enthalten sein.

Ich nehme mir zum Beispiel drei Tage Zeit, um herauszufinden, welches die richtige Entscheidung ist. Zwei Tage lang arbeite ich aktiv an der Klärung, und einen Tag beschäftige ich mit anderen Dingen, entspanne und überlasse die Angelegenheit sich selbst. Ich nehme mir beispielsweise vor: »Am dritten Tag um 15 Uhr werde ich Klarheit haben« und beende meine aktiven Klärungs-Übungen am Abend des zweiten Tags.

Von diesem Moment an bis zum nächsten Tag um 14.30 Uhr kümmere ich mich nicht weiter um die Sache. Dann setze ich mich für eine halbe Stunde hin, spüre meinen Atem, meditiere ein wenig und lade die Lösung/Entscheidung/Erkenntnis ein, sich mir zu zeigen. Vielleicht ist es dieselbe, zu der ich schon am Vortag gekommen bin; in diesem Fall spüre ich meinen Atem, meinen Körper, mein Herz und kann ein zustimmendes oder zufriedenes Gefühl feststellen. Oder es taucht eine ganz neue Möglichkeit auf. Dann habe ich jetzt Zeit, um mich mit dieser Option vertraut zu machen und zu prüfen, wie sie sich anfühlt.

Egal wie viel Zeit Sie sich für die Klärung nehmen, rechnen Sie immer einen Puffer zwischen der aktiven Klärungsarbeit und dem Ende des Rückzugs mit ein, um Eingebungen oder Erkenntnissen Raum zu geben oder um noch einmal nachzuprüfen, ob Sie eins sind mit Ihrem Resultat.

Ihre Absicht formulieren

Stellen Sie als Erstes fest, mit welchem Wunsch Sie in diesen Klärungs-Rückzug gehen. Formulieren Sie ihn so einfach und präzise wie möglich: »Ich möchte klar erkennen, was ich in dieser Situation zu tun habe.« »Ich möchte erkennen, welches die beste Entscheidung ist.«

Achtung: Definieren Sie in diesem Fall, in welchem Sinne es die beste Entscheidung sein soll, denn es gibt keine guten oder schlechten Entscheidungen, sondern nur Entscheidungen, die in Bezug auf diese oder jene Absicht gut oder schlecht, fördernd oder kontraproduktiv sind.

Fühlen Sie diesen Wunsch (oder die Sehnsucht, die sich darin äußert) und öffnen Sie Ihr Herz dafür.

Stellen Sie sich dann auf die Zeit ein, die Sie für die Klärung dieser Angelegenheit gewählt haben. Formulieren Sie Ihre Absicht, am Ende dieser Zeit – Datum und Uhrzeit – Klarheit zu haben.

Ein hilfreicher Gedanke hierzu: Irgendwo in Ihnen ist die Erkenntnis, die Lösung oder die Entscheidung bereits vorhanden. Sie müssen sie nur »herunterladen«. Das kann sekundenschnell gehen. Was Sie daran hindert, die notwendige Erkenntnis – die schon da ist – zu erkennen, sind die Emotionen, mit denen Sie verhaftet sind, die Gedanken, die Sie unbewusst selbstverständlich für wahr halten, eventuell auch Gedanken, Emotionen, Energien anderer, die Sie übernommen haben, ohne es zu wissen. Die Übungen, die ich Ihnen für diesen Klärungsprozess vorschlage, werden diese Hindernisse aus dem Weg räumen.

Anleitung

Sorgen Sie dafür, dass Sie ungestört sind. Das Handy ist ausgeschaltet, ebenso WLAN und Festnetztelefon. Mitbewohner oder Angehörige sind darüber informiert, dass Sie sich für eine bestimmte Zeit zurückziehen.

Sie haben einen Sitzplatz, der es Ihnen ermöglicht, zugleich aufrecht und bequem zu sitzen, und an dem Sie sich wohlfühlen.

Legen Sie Papier und Stift griffbereit. Notieren Sie auftauchende Gefühle, Fragen oder Erkenntnisse.

Sie haben Platz, um ein wenig hin- und herzugehen – im Zimmer, in der Wohnung oder im Garten.

Führen Sie ein kleines Eingangsritual durch, zum Beispiel eine Kerze anzünden.

Schließen Sie die Augen.

Spüren Sie Ihren Körper.

Spüren Sie den Atem.

Denken Sie an die Situation, die Sie klären möchten.

Spüren Sie in Ihren Körper hinein: Wie fühlt es sich an, an diese Situation zu denken?

Machen Sie Körperzentrierte Herzensarbeit: Entdecken Sie in Ihrem Körper alle Gefühle, die Sie mit dieser Situation verbinden, öffnen Sie Ihr Herz für sie und geben Sie diejenigen, die nicht Ihnen gehören, gedanklich zurück an die betreffende Person. ⋈

Wenn der Prozess stockt, wenn Sie sich nicht mehr konzentrieren können oder einen Teil abgeschlossen haben, stehen Sie auf und gehen Sie auf und ab. Bleiben Sie in der Konzentration. Mit dem Gehen bringen Sie wieder Bewegung in das Thema. Setzen Sie sich wieder hin, sobald Sie merken, dass nun ein neues Element aufgetaucht ist, das Ihre vertiefte Aufmerksamkeit braucht. Setzen Sie die Körperzentrierte Herzensarbeit fort.

Unterbrechen Sie sie, sobald nötig, durch Gehen, durch Körperübungen, durch einen Imbiss, ein Getränk … was immer Sie gerade brauchen. Bleiben Sie aber im Schweigen, nehmen Sie mit niemandem Kontakt auf.

Setzen Sie dann die Herzensarbeit fort.

Mindestens eine Stunde vor dem Ende der geplanten Zeit schließen Sie die Übung ab, indem Sie wieder an die Situation denken, um die es geht, und beobachten Sie, was sich verändert hat – in Ihrer Haltung, Ihrer Sichtweise. Höchstwahrscheinlich hat sich schon etwas in Ihnen so sehr verändert, dass Sie nun wissen, wie Sie handeln werden oder was immer Sie sonst klären wollten.

Für die letzte Stunde des Tages, bevor Sie Ihren Rückzug beenden, lassen Sie die Sache ruhen, kümmern sich um Ihren Körper, der vielleicht Wasser oder ein wenig Bewegung braucht, und beschäftigen sich mit etwas anderem. Lassen Sie die Angelegenheit komplett los.

Wenn Ihr Rückzug beendet ist, wissen Sie zumindest, welcher Schritt als Nächstes zu tun ist, oder betrachten die Angelegenheit mit einem völlig anderen Gefühl. Höchstwahrscheinlich aber ist es Ihnen gelungen, die Sache ganz und gar zu klären.

Die Entscheidung zwischen verschiedenen Alternativen

Falls es sich um eine Entscheidung zwischen mehreren Möglichkeiten handelt und die Wahl am Ende des Rückzugs noch nicht getroffen wurde, können Sie wie folgt vorgehen: Nehmen wir an, Sie haben drei Wahlmöglichkeiten und wissen nicht, welches die beste Entscheidung ist.

Sie definieren nun, in welchem Sinne diese Entscheidung die beste sein soll. Beispielsweise haben Sie drei Jobangebote, und anstatt sich zu fragen, welcher Job der beste ist, prüfen Sie, welche Aspekte dabei für Sie wichtig sind. In welchem Sinne der beste Job? Vielleicht im Sinne Ihrer beruflichen Karriere? Oder derjenige, bei dem Sie sich am wohlsten fühlen? Oder bei dem Sie Ihre Paarbeziehung am besten aufrechterhalten können?

Damit haben Sie Ihre Absicht geklärt. Sie möchten die beste Entscheidung in dem eben definierten Sinne treffen.

So gehen Sie vor, um Ihre Entscheidung treffen zu können: Nehmen Sie (über den Körperzustand) das Gefühl bewusst wahr, das die Situation, so wie sie jetzt ist, in Ihnen auslöst. Zum Beispiel das Gefühl von Unentschiedenheit. Öffnen Sie Ihr Herz für dieses Gefühl.

Manchmal taucht nach diesem ersten Schritt der Gedanke auf, gar nicht weiter schauen zu wollen, weil Sie nämlich gemerkt haben, dass das Gefühl, zum Beispiel Unentschiedenheit, erst einmal Raum braucht, und das heißt auch Zeit (anstatt gleich wieder zur Seite geschoben zu werden, um zu einer Entscheidung zu kommen). Unentschiedenheit oder Zerrissenheit bewusst als Gefühl wahrzunehmen, sie zuzulassen und ihr Raum zu geben kann nämlich bereits eine Veränderung in Gang setzen, die ganz von selbst zur Klärung führt.

In diesem Fall gibt es im Moment nichts weiter zu tun – außer eben das Gefühl bewusst wahrzunehmen und ihm Raum zu geben.

Wenn es Sie aber dazu drängt, weiter an der aktiven Klärung zu arbeiten, dann gehen Sie wie folgt vor:

Sie stellen sich die verschiedenen Optionen nacheinander vor, und zwar so, als seien sie schon Realität. Achten Sie jeweils darauf, welche Gefühle dabei auftauchen, und öffnen Sie Ihr Herz für diese Gefühle. Nutzen Sie dazu die Methode der Körperzentrierten Herzensarbeit, die Sie in Teil IV im Kapitel »Die Körperzentrierte Herzensarbeit – Mein Universalwerkzeug für den Besinnungs-Rückzug und das ganze Leben« finden.

Danach – eventuell auch zwischen den verschiedenen Optionen – unterbrechen Sie das Sitzen, gehen Sie spazieren oder wandern Sie ein wenig in der Wohnung herum.

Wenn alle Emotionen, die mit der Entscheidungsfrage verbunden sind, erkannt und ins Herz geholt worden sind, stehen Ihnen diese Emotionen nicht mehr im Weg, und somit sollte der Weg frei sein für ein offenes, neutrales Betrachten Ihrer Entscheidungsfrage. Erinnern Sie sich an die Absicht, die Sie am Anfang geklärt haben, und stellen Sie sich die Frage, welche Option in diesem Sinne die beste ist – falls diese Frage nicht schon längst beantwortet ist. Meist ist die Sache danach klar. Falls nicht, stellen Sie einfach die Frage in den inneren Raum, und schließen Sie die Klärungsarbeit ab. Lassen Sie die Frage wirken. Die Antwort wird sich zeigen.

Falls die Zeit nicht reicht

Vielleicht haben Sie gar keinen ganzen Tag, um die Angelegenheit zu klären, die Sie klären möchten. Oder vielleicht steht Ihnen nur eine halbe Stunde zur Verfügung, um eine bestimmte Entscheidung zu treffen.

Für alle Schritte wird die halbe Stunde nicht reichen. Sie können sich aber um die wichtigsten Gefühle kümmern, die mit der Sache verbunden sind, und damit sehr schnell innere Klarheit schaffen:

1. Das Gefühl an der Oberfläche erkunden

Wie geht es mir jetzt gerade mit der Situation, welches Gefühl steht ganz im Vordergrund? (Beispiel: Gefühl, unter Druck zu stehen; Überforderung; Panik; Zerrissenheit.) Es ist schon sehr viel gewonnen, wenn Sie dieses Gefühl erkennen, benennen und erst einmal einfach da sein lassen, ihm ein wenig Raum und Zeit geben.

2. Ihren eigenen Wunsch wahrnehmen

Was wünsche ich mir in dieser Situation? Wie wäre es, wenn es ganz nach mir ginge? Wie soll es sein? Formulieren Sie diesen Wunsch ganz klar für sich. Oft ist man nämlich so sehr mit der Problematik beschäftigt, dass man ganz vergisst, sich seinen Wunsch bewusst zu machen. Sobald Sie Ihre Aufmerksamkeit auf den Wunsch richten, kommt etwas in Fluss.

Beobachten Sie ganz einfach, was passiert und wie Sie jetzt handeln!

Um zu einer vollständigen und tief greifenden Klärung zu gelangen, können Sie die Methode der Körperzentrierten Herzensarbeit anwenden und die oben genannten Herangehensweisen mit ihrer Hilfe vertiefen. Sie finden eine Schritt-für-Schritt-Anleitung dieser Technik in Teil IV im Kapitel »Die Körperzentrierte Herzensarbeit – Mein Universalwerkzeug für den Besinnungs-Rückzug und das ganze Leben«.

Zwischen der eben beschriebenen Kurzklärung (die Sie mit einiger Übung locker in 25 Minuten durchführen können) und dem ausführlichen Durcharbeiten des Themas gibt es viele Abstufungen. Setzen Sie einfach den für Sie passenden Zeitrahmen fest, planen Sie die Leerzeit mit ein und definieren Sie Ihre Absicht. Dann legen Sie los mit der Körperzentrierten Herzensarbeit. Ihr inneres Tempo wird sich an den äußeren Zeitrahmen anpassen. Es wird genau das auftauchen, was auftauchen muss, damit Sie die gewünschte Klarheit gewinnen.

Der Nicht-Existenz-Tag

Manchmal empfinde ich mich als nicht arbeitsfähig, auch wenn ich nicht krank bin. Manchmal möchte ich einfach in Ruhe gelassen werden, möchte nichts tun müssen, mit niemandem reden, niemanden sehen, auch keine Übungen machen, keine Herzensarbeit, nichts. Möchte Urlaub von der Existenz machen.

Wenn die Umstände es erlauben, gönne ich mir dann einen »Nicht-Existenz-Tag«. An diesem Tag entziehe ich mich allem. Wenn die Sonne scheint und es warm ist – was ich normalerweise mit langem Aufenthalt im Freien würdigen würde –, ich aber lieber im Bett liege, dann pfeife ich auf die Sonne und liege im Bett. Ob es nun das absolut beste Wetter zum Radfahren ist oder man eigentlich schwimmen gehen müsste oder was auch immer: Ich entziehe mich. Will niemanden sehen und nichts tun müssen, nicht einmal etwas Schönes. Einfach nur »nicht existieren«. Meine Basisstation an diesem Tag ist das Bett oder das Sofa. Meine Zuflucht ein dicker Roman. Alle Pflichten, Anforderungen, Fragen, Aufgaben, Kontakte werden auf morgen verschoben. Heute existiere ich für nichts und niemanden. Ich verweigere mich.

Das ist an sich schon ganz wunderbar. Aber das Beste daran ist: Wenn ich lange genug »Nicht-Existenz« feiere, dann erwacht ganz von selbst wieder die Lust in mir, etwas zu tun. Aus der »Nicht-Existenz« komme ich stets neu motiviert und gestärkt in die Existenz zurück, auch wenn ich nichts weiter getan habe als »dumme« Romane lesen, schlafen, träumen und dösen.

Dieses Rezept mag besonders für Menschen geeignet sein, die sich den Umständen oder den Mitmenschen ausgeliefert fühlen und sich nach Schutz sehnen. Oder die einfach müde und ausgelaugt sind. Achten Sie auf Ihr Bedürfnis! Zwingen Sie sich nicht zu einer spirituellen Disziplin, wenn Sie an Ihrem Rückzugtag keine Lust dazu haben. Wie eben an meinem eigenen Beispiel erläutert, kann ein Tag Faulenzen nicht nur körperlich, sondern auch geistig erfrischen.

Anmerkung: Inwieweit das Lesen durch das Anschauen von Filmen ersetzt werden kann, kann ich nicht beurteilen, da ich selbst die Strahlung von Bildschirmen aller Art und die digitalisierten Bilder als sehr belastend empfinde. Manchmal ist auch Ablenkung gar nicht nötig, um erfolgreich faulenzen zu können. Da reicht dann dösen, träumen, schlafen und den vorbeiziehenden Wolken zuschauen.

Der Entspannungs-Rückzug

Für einen einfachen Entspannungsrückzug brauche ich Ihnen kein Rezept zu geben; Sie wissen selbst am besten, was Sie brauchen: Massage, Sauna, Schwimmen, Sport, Spiel, Yoga, Faulenzen …

Jedoch möchten Sie vielleicht mehr erreichen, als sich kurz ein wenig zu entspannen. Sie möchten vielleicht einen bleibenden Effekt erzielen und Ihre ständige unterschwellige Anspannung loswerden oder reduzieren. Dann müssen Sie sich um die Ursachen kümmern. Chronische Anspannung hat innere und äußere Ursachen.

Die innere Ursache hat meist mit irgendeiner Art von Angst zu tun. »Angst?«, werden Sie vielleicht sagen, »Ich habe doch keine Angst. Ich strenge mich nur an, um mein Pensum zu schaffen.« »Und was wäre schlimm daran«, würde ich Sie dann fragen, »wenn Sie dieses Pensum nicht bewältigen würden?«

An diesem Punkt sitzt die Angst: Angst, den Job zu verlieren, Angst, zu versagen, bestraft zu werden, nicht genügend Geld zu bekommen, nicht mehr wertgeschätzt zu werden, Angst, dass alles zusammenbricht …

Die innere Ursache der Anspannung

Wenn Ihre Entspannung nach dem Rückzug von Dauer sein soll, tun Sie gut daran, sich Ihrer Angst einmal ausgiebig zu widmen. Neben der Angst gibt es auch andere Emotionen, die mit körperlicher Anspannung verbunden sind, wie etwa Wut, Ärger oder Unsicherheit. Aber Angst ist immer mit im Spiel, sonst würde sich nicht eine chronische Verspannung daraus entwickeln. Wut entlädt sich durch einen Ausbruch, egal ob in einem lautstarken Ausbruch einer anderen Person gegenüber oder im stillen Kämmerlein. Aber wenn Angst Sie daran hindert, Ihre Wut zu entladen, dann bleibt eine Anspannung zurück, die chronisch wird, wenn sich das Muster wiederholt.

Wenn Sie sich bei Ihrem Entspannungs-Rückzug also nicht nur vorübergehend ein wenig erholen, sondern Ihre Tendenz zur Anspannung loswerden möchten, planen Sie auch ein bis zwei Stunden Körperzentrierte Herzensarbeit ein! Sie werden wahrscheinlich ein sehr tiefes Loslassen erleben, das sich dauerhaft entspannend auswirkt. Konzentrieren Sie dazu Ihre Aufmerksamkeit auf den angespannten Bereich Ihres Körpers, und empfinden Sie diese Anspannung durch und durch. Denken Sie dabei an Ihre Arbeit oder an Ihre Lebenssituation, bis Sie merken, welches Gefühl sich durch die Verspannung ausdrückt. Unter diesem befindet sich meist noch ein anderes Gefühl: So steht zum Beispiel hinter der *Angst*, nicht zu genügen, immer auch das *Gefühl,* nicht zu genügen.

Hinter der Zurückhaltung der Wut steht die Angst, zu verletzen, und dahinter wiederum das Gefühl, schuldig oder schlecht zu sein. Wenn Sie sich durch den ganzen emotionalen Knoten gefühlt und allen Emotionen Ihr Herz geöffnet haben, werden Sie tiefe Entspannung erleben. Irgendwo in Ihrem Körper gab es in Verbindung mit Ihrem emotionalen Thema eine regelrechte elektrische Ladung, die nun abfließen darf[3], sodass Sie Ihren Körper als entspannt und sich innerlich als entlastet empfinden werden.

Die äußere Ursache der Anspannung

Der allgegenwärtige Elektrosmog ist elektrische Spannung in der Luft, messbar in Volt. Wir alle spüren diese Spannung, bewusst oder unbewusst, wir stehen wie unter Strom. Wenn Sie sich in Ihrem Entspannungs-Retreat wirklich entspannen möchten, müssen Sie in Ihrem Umfeld alles abschalten, was Elektrosmog ausstrahlt. Werden Sie aus der Nachbarschaft bestrahlt, suchen Sie sich für Ihren Entspannungs-Rückzug einen Ort, der ein wenig geschützter ist. (»Geschützt« wage ich gar nicht mehr zu sagen, weil die elektromagnetischen Felder heute überall sind.) Was außerhalb Ihrer Wohnung eingeschaltet ist, können Sie nicht beeinflussen, aber wenigstens Ihre eigenen Störquellen können Sie abschalten.

Aber Abschalten reicht nicht. Sie müssen auch Ihren Körper entladen, bevor Sie in den Genuss wirklicher Entspannung kommen. Damit Sie sich entspannen können, müssen Sie das Zuviel an elektrischer Spannung in Ihrem Körper loswerden. Zu Beginn Ihres Rückzugs sollten Sie sich daher

---

3   Nach der in modernen Körpertherapien herrschenden Auffassung sowie nach meinen eigenen Erfahrungen gibt es in unseren Nervenbahnen Blockaden, die aus traumatischen Erlebnissen herrühren. An den betreffenden Stellen sitzt eine elektrische Ladung, die der Therapeut spüren kann.

mithilfe der Anleitung in Teil IV, »Universalwerkzeuge für ein effizientes Auszeitprogramm« gründlich erden.

Sie werden den Unterschied deutlich merken, denn es fühlt sich sehr erleichternd an, wenn die überschüssige elektrische Spannung abgeflossen ist. Möglicherweise sind Sie danach erst einmal müde. In diesem Fall würde ich der Müdigkeit nachgeben und eine Runde schlafen.

Vielleicht muss Ihr Gehirn auch vom E-Stress befreit werden, falls Sie viel am Bildschirm gearbeitet haben oder am Handy waren. Benutzen Sie dazu die Übungen zum Entswitchen (s. »Das Gehirn vom Elektrostress befreien«): die Augenbrauen und Ohren über Kreuz massieren, Über-Kreuz-Bewegungen rechtes Knie/linker Ellenbogen und umgekehrt.

Idealerweise sollte Ihr Entspannungs-Rückzug sich so gestalten:

* Entladen, entswitchen
* Körperübung wie »Meine Spontan-Bewegungs-und-Ton-Übung«
* Körperzentrierte Herzensarbeit zum Thema »Warum spanne ich mich so an, was wäre schlimm, wenn ich mich entspannen würde – wovor habe ich Angst, welches ist das schlimme Gefühl, auf das die Angst sich bezieht? Was möchte ich erreichen, was ist das gute Gefühl, wenn ich es erreicht habe?«
* Entspannende Wohlfühl-Aktivitäten nach Wahl.

Rückzug zu zweit

Warum nicht einmal einen Rückzug zu zweit unternehmen? Damit meine ich nicht die üblichen und altbekannten Strategien zur Auffrischung einer Beziehung, wie in Urlaub fahren, sich einander ausgiebig körperlich und emotional zuwenden, Händchen halten unter Sternen oder sich ein Tête-à-Tête-Dinner in einem sehr guten Restaurant gönnen. Um das zu organisieren, brauchen Sie kein Buch.

Wenn Sie aber als Paar einen Besinnungs-Rückzug dazu nutzen möchten, um Themen zu klären, die in Ihrer Beziehung schwelen, oder um Ihre Herzensbeziehung zu erneuern und zu vertiefen, dann werden Sie von den folgenden Anregungen profitieren können. Widmen Sie diesen gemeinsamen Rückzug den Themen, die in Ihrer Beziehung entstanden sind, die nie richtig bearbeitet wurden und Sie daran hindern, einander so nahe zu sein oder sich so viel Raum oder so viel Liebe zu geben, wie Sie gerne möchten.

Der wichtigste Tipp vorab: Niemanden dazu überreden! Wenn Sie jetzt Feuer und Flamme sind für diese Idee, weil Sie meinen, damit Ihren Partner oder Ihre Partnerin dazu zu bringen, sich Ihnen endlich mal ausführlich zuzuwenden oder sich bestimmte Themen anzuschauen, dann wird dies nur funktionieren, wenn er oder sie ebenso angetan ist von der Idee. Beide sollten sich diesen Paar-Rückzug wünschen und sich im Vorfeld darüber einigen, wie sie dieses Retreat gestalten möchten.

Sollte die Körperzentrierte Herzensarbeit zum Einsatz kommen – wozu ich rate –, müssen beide Partner sich schon vorher damit vertraut gemacht haben. Es hat keinen Zweck, dass nur eine/r sie kennt, denn das führt zu einem Ungleichgewicht, und das ist eine schlechte Voraussetzung für das Gelingen des Retreats. Bei aller Liebe sind Beziehungen oft ein Minenfeld, und bei der gemeinsamen Herzensarbeit werden Sie möglicherweise auf einige Minen treffen. Es ist nicht Sinn und Zweck der Übung, auf die Minen zu treten und verletzt zu werden, sondern sie zu »entschärfen«, damit beide Partner sich entspannen können. Wenn Ihr Partner oder Ihre Partnerin nicht weiß, was es bedeutet, sich ein Gefühl bewusst anzuschauen, wird er/sie sich wahrscheinlich oft verletzt fühlen und dieses Gefühl mit einer Tatsache verwechseln, also verletzt zurückbleiben.

Die Körperzentrierte Herzensarbeit finden Sie ausführlich beschrieben mit Schritt-für-Schritt-Anleitung in Teil IV (s. Kapitel »Die Körperzentrierte Herzensarbeit – Mein Universalwerkzeug für den Besinnungs-Rückzug und das ganze Leben«). Hier kurz skizziert die einzelnen Schritte:

1. Ihr Thema wählen und es konkretisieren (=Ausgangssituation)
2. Den Körperzustand bewusst erleben, der sich dabei einstellt
3. Das (oder ein) Gefühl entdecken und kennenlernen, das sich darin ausdrückt
4. Dem Gefühl die Herzensschlüssel anbieten und feststellen, auf welche/n es reagiert
5. Optional: Prüfen, ob es ein Fremdgefühl ist, wenn ja, zurückgeben
6. Zurück zur Ausgangssituation: Was hat sich verändert?

Falls die Körperzentrierte Herzensarbeit nicht beiden bekannt ist, schlage ich folgende andere Methoden vor, die ich weiter unten erläutere:

- das Herzensgespräch,
- die stille Face-to-Face-Meditation,
- füreinander beten.

Wie arbeitet man zu zweit?

Wie jedes Retreat wird auch dieses im Schweigen verbracht. Sprechen ist nur dort erlaubt, wo es für die Übung notwendig ist, beispielsweise für die Körperzentrierte Herzensarbeit oder das Herzensgespräch.

Wenn es um alltägliche Notwendigkeiten geht wie die Entscheidung, was man essen soll, verständigen Sie sich bitte durch Gesten oder Zettel. Auf keinen Fall durch Reden!

Zerreden Sie auch nach dem gemeinsamen Rückzug das Geschehene nicht, sondern lassen Sie es eine ganze Weile still nachwirken.

Es gibt zwei Möglichkeiten, im Beziehungs-Retreat die Körperzentrierte Herzensarbeit zu nutzen:

1. *Sie führen ein Herzensgespräch* und ziehen sich dann getrennt voneinander für eine Stunde (oder mehr) zurück, um eins der Themen, die im Herzensgespräch angeklungen sind, mithilfe der Körperzentrierten Herzensarbeit zu betrachten.
   Dann Pause, Nachbesprechung, bei Bedarf weiteres Herzensgespräch, weitere Körperzentrierte Herzensarbeit.
2. *Sie machen zusammen Körperzentrierte Herzensarbeit.* Sie begleiten einander dabei.

Das Herzensgespräch

Beim Herzensgespräch geht es darum, sich gegenseitig mitzuteilen, was man auf dem Herzen hat, und einander mit dem Herzen zuzuhören. Es ist kein Dialog, sondern zwei Monologe.

Lassen Sie beide Monologe für sich stehen, antworten Sie nicht auf den Monolog Ihres Gegenübers.

Vereinbaren Sie die Redezeit, die natürlich für beide gleich sein soll, zum Beispiel 20 Minuten.

Das Herzensgespräch: Die Technik

Sitzen Sie einander gegenüber.

Sitzen Sie einander gegenüber, nehmen Sie Kontakt mit Ihrem eigenen Herzen auf und von dort aus mit dem Herzen Ihres Gegenübers.

Vereinbaren Sie, wer als Erstes reden soll.

Die Person, die redet, spricht aus dem Herzen heraus. Das sind immer Ich-Botschaften, kein anklagendes »Du hast wieder …«, sondern so etwas wie: »Ich mache mir Sorgen …«, »Ich würde mir wünschen …«, »Ich freue mich …«

Die Person, die zuhört, hört mit dem Herzen zu. Stellen Sie sich vor, Ihr Herz hätte Ohren und hören Sie mit diesen zu, statt mit den Ohren am Kopf. Das hilft zu hören, was der andere wirklich ausdrücken möchte. Und es schützt Sie davor, emotional zu reagieren.

Wenn Sie die Körperzentrierte Herzensarbeit kennen, könnte der nächste Programmpunkt sein, gemeinsam (oder jeder für sich) die angesprochenen Themen anzuschauen.

Leiten Sie einander an wie oben bereits beschrieben. Das ist für manche Paare eine schwierige Übung, da beide auf die Probleme, die der Partner oder die Partnerin manifestiert, sofort emotional reagieren. Aber sie lohnt sich! Sie werden sehen, dass Sie zu einem völlig neuen Verhältnis zueinander finden, dass Sie sich mit einer neuen Offenheit begegnen, mit mehr Verständnis, mehr Achtung und mehr Mitgefühl.

Wichtig beim Anleiten: Mit dem Herzen zuhören! Eigene Emotionen zur Kenntnis nehmen und zurückstellen. Sich vornehmen, sie später in Ruhe anzuschauen.

Ebenso wichtig: Ihr Partner/Ihre Partnerin darf beim Anleiten Fehler machen. Sie kennen die Übung und können, falls nötig, korrigieren: »Lass mich noch ein wenig bei diesem Gefühl bleiben« oder »Ich brauche mehr Zeit«.

Falls Sie die Körperzentrierte Herzensarbeit (noch) nicht kennen und im Moment auch nicht erlernen möchten oder nicht beide sie kennen, belassen Sie es beim Herzensgespräch. Lassen Sie es im Stillen nachwirken, diskutieren Sie auf keinen Fall darüber.

Sitzen Sie danach still zusammen, sammeln Sie Ihre Aufmerksamkeit im Herzen.

Die Körperzentrierte Herzensarbeit zu zweit

Es ist einfach, Ihren Partner bei einer Körperzentrierten Herzensarbeit zu begleiten: Sie lesen die Schritt-für-Schritt-Anleitung ab, die Sie in Teil IV im Kapitel »Die Körperzentrierte Herzensarbeit – Mein Universalwerkzeug für den Besinnungs-Rückzug und das ganze Leben«

finden. Legen Sie vorher die Zeit fest: beispielsweise 45 Minuten pro Person für eine Session.

Setzen Sie sich einander gegenüber: nah genug, um in Kontakt zu sein, weit genug entfernt, um einander nicht zu bedrängen oder zu stören. Berühren Sie sich nicht. Verneigen Sie sich zu Beginn. Legen Sie fest, wer mit seinem Thema beginnt.

Die Person, die mit ihrem Thema beginnt, erzählt kurz von ihrem Thema. Die begleitende Person unterbricht sie, falls die Erzählung zu lang wird oder wenn sie an einem Punkt bemerkt, dass dort Emotionen sitzen. Sie kann zum Beispiel sagen: »Möchtest du hier nicht einsteigen? Okay? Dann spüre mal in deinen Körper hinein.« Ab hier folgen Sie den Instruktionen der Schritt-für-Schritt-Anleitung in Teil IV. 🦋

Die Fragen können Sie sinngemäß so formulieren:

- Wie fühlt sich das im Körper an? Konzentriere deine Aufmerksamkeit in diesem Körperbereich, spüre hinein, lerne diesen Zustand kennen.
- Wie fühlst du dich darin, welches Gefühl taucht da auf?
- Was braucht dieses Gefühl von deinem Herzen? (Bieten Sie nun die Herzensschlüssel an, und lassen Sie nach jedem Schlüssel Zeit, damit Ihr Gegenüber nachspüren kann, ob er etwas bewirkt oder nicht.)

Der Partner/die Partnerin soll jede Frage beantworten, aber vor allem sollen die Fragen helfen, die Wahrnehmung so zu lenken, dass er/sie den Körperzustand kennenlernt, der sich beim Gedanken an das Thema einstellt, dann das Gefühl, das sich darin ausdrückt, und schließlich, auf welche Herzensschlüssel dieses Gefühl reagiert, also was das Gefühl vom Herzen braucht. Nach den einzelnen Dialogen sollten Sie deshalb Zeit zum Wahrnehmen geben.

Am Ende lassen Sie Ihrem Gegenüber noch ein wenig Zeit, um für sich allein zu sein. Nach einer kurzen Pause in Stille wechseln Sie die Rollen, setzen sich wieder einander gegenüber, bereiten sich innerlich kurz auf die neue Rolle vor, und dann beginnt die andere Person, ihr Thema zu schildern, das sie sich anschauen möchte.

Wichtige Empfehlung zum Schluss: Mischen Sie sich nicht in das Thema des anderen ein, geben Sie keine Ratschläge, korrigieren Sie nichts, lassen Sie den anderen bei seinem Erleben, respektieren Sie es. Wenn durch die Arbeit der anderen Person in Ihnen Gefühle ausgelöst werden, machen Sie diese zum Gegenstand einer erneuten Herzensarbeit.

Fügen Sie für die Gestaltung Ihres Rückzugs weitere Instrumente Ihrer Wahl hinzu. Vielleicht möchten Sie gemeinsam Mantras singen oder sich gegenseitig massieren, falls diese Form selbstloser körperlicher Zuwendung etwas ist, das in Ihrer Beziehung zu kurz kommt. Oder Sie meditieren zusammen.

Die Face-to-Face-Meditation

Sie sitzen einander gegenüber und sehen sich in die Augen. Verneigen Sie sich. Schließen Sie die Augen.
Sie spüren Ihren Atem, Ihren Körper, Ihr Herz.

Sie spüren die Anwesenheit Ihres Gegenübers.
Sie verbinden sich zu einem offenen Raum für die Gegenwart. 🦋

Wenn Sie möchten, können Sie sich gemeinsam auf etwas Bestimmtes einstimmen, zum Beispiel auf ein Mantra, eine bestimmte Visualisierung, die Realisierung eines bestimmten Wunschs, ein Gebet … Stimmen Sie sich vorher ab. Falls ein Einfall spontan auftaucht, schlagen Sie es vor. Meditieren heißt: Sie sprechen es erst aus (beispielsweise das Mantra), jeder auf seine Weise, sitzen dann still, spüren Ihren Atem und lassen das Ausgesprochene wirken.

Füreinander beten

Dies ist eine sehr schöne Übung. Fragen Sie Ihre Partnerin/ Ihren Partner, was sie/er sich am meisten wünscht. Schließen Sie dann beide die Augen. Nun stellen Sie sich vor, der Wunsch hätte sich realisiert. Sehen Sie Ihre Partnerin/Ihren Partner die gewünschte Situation erleben, stellen Sie sich vor, wie sie/er sich freut, strahlt, aufblüht … Beten Sie, dass der Wunsch sich realisiert. Bitten Sie ihn oder sie dann, das Gleiche für Sie zu tun.

Wenn Sie möchten, können Sie anschließend noch gemeinsam für eine dritte Person beten. Sie wissen vielleicht nicht, was diese Person wirklich braucht oder wünscht, aber Sie empfinden Liebe oder Wohlwollen für sie und können sich gemeinsam vorstellen, dass sie glücklich ist (oder geheilt).

Teil IV

Universalwerkzeuge für ein effizientes Auszeitprogramm

Für alle Auszeitprogramme, die ich Ihnen vorstelle – von der Kurzbesinnung in Minutenschnelle bis zum mehrtägigen spirituellen Retreat – sind bestimmte Übungen sinnvoll, um Ihren Rückzug so effizient zu gestalten, dass Sie den gewünschten Effekt erreichen.

In diesem Kapitel stelle ich Ihnen die »Universalwerkzeuge« vor, die für mich zu jedem Besinnungs-Rückzug gehören. Ich beschreibe sie ausführlich in Form von Schritt-für-Schritt-Anleitungen. In den anderen Kapiteln werden sie nur kurz wiederholt.

Die Universalwerkzeuge für jedes Auszeitprogramm:

- Entladen (den Körper von überschüssiger Elektrizität befreien)
- Entswitchen (das Gehirn vom Elektrostress befreien)
- Körperübungen
- Körperzentrierte Herzensarbeit
- Gehen
- Atem
- Stilles Sitzen

Den Körper entladen

So können Sie ein Zuviel an elektrischer Spannung in Ihrem Körper entladen:

Im Freien:
- Barfußlaufen auf feuchtem Erdboden oder in feuchter Wiese. Falls der Boden trocken ist, wässern Sie ihn einfach ein wenig.
- Sich in die Wiese legen.
- Ein Bad im Meer, in einem Naturteich, in einem Bach waten.

Zu Hause:
- Duschen, am besten einschließlich Kopf.
- Ein Meersalzbad nehmen. Falls Vollbad nicht möglich, ein Meersalz-Fußbad.
- Wasserleitungen: Alles, was Wasser und/oder Metall mit der Erde verbindet, kann Sie entladen. Am besten leitet Kupfer. Sie können sich notfalls auch erden, indem Sie eine metallene Wasserleitung oder die Wasserzufuhr des Spülkastens der Toilette anfassen (den metallenen Teil).
- Erdungsmatten: Im Handel gibt es Erdungsmatten. Diese werden mit der Erdung in der Steckdose verbunden. Ich bin nicht sicher, ob das gut funktioniert, da diese Erdungen nicht »sauber« sind, das heißt, es kann auch Elektrizität überspringen. Aber vielen Menschen scheint es zu helfen. Wer einen Garten hat, kann eine Erdungsmatte statt mit der Steckdose mit einem Erdungsstab im Garten verbinden.

Im Garten:

- Und dies ist die beste Erdung: Kaufen Sie im Baumarkt einen hohlen Kupferstab, 2,50 m lang, stecken Sie ihn senkrecht in die Erde. Sie müssen das untere Ende dafür ein wenig flachklopfen. Er muss 1,80 bis 2 m tief in der Erde stecken. Das herausragende Ende umschließen Sie mit der Hand, um sich zu erden. Stellen Sie eine Sitzgelegenheit daneben, damit Sie es bequem einige Minuten lang aushalten. Beim ersten Mal könnten Sie 15 Minuten brauchen, nachher etwas weniger, 5 bis 10 Minuten oder nach Bedarf. Sie werden spüren, wenn Sie entladen sind. Sie werden entspannt sein, eventuell müde, und erleichtert. Die Erde muss feucht gehalten werden (bei Bedarf gießen). Den Stab ab und zu herausholen und mit feinem Schleifpapier putzen (je mehr er korrodiert, desto weniger leitet er).
- Warnung: Keine Erdungsmaßnahmen bei Gewitter, jedenfalls keinen Erdungsstab anfassen! Sie laufen sonst Gefahr, als Blitzableiter zu dienen.
- Achtung: Sie müssen wissen, dass Sie, wenn Sie geerdet sind, sich selbst (Ihren Körper) zum Leiter machen. Es hat wenig Zweck, sich zu erden, während Sie in der Nähe einer Hochspannungsleitung, vor einer Mobilfunkantenne, dicht bei einem Trafo stehen oder Ihr Handy eingeschaltet in der Tasche haben!

Entswitchen:
Das Gehirn von Elektrostress befreien

Elektrosmog ist heute fast überall – es lohnt sich, Ihr Gehirn von dem Stress zu befreien, in den die künstlichen elektromagnetischen Felder es versetzen.

Das in der Kinesiologie »Switching« benannte Phänomen führt dazu, dass die Gehirnhälften nicht mehr richtig zusammenarbeiten.

Um das Gehirn zu »entswitchen«, können Sie Folgendes tun:

Über-Kreuz-Bewegungen

Mit Armen und Beinen: Rechtes Bein – linken Arm und linkes Bein – rechten Arm gleichzeitig bewegen wie beim Marschieren oder Tanzen.

Mit Knien und Ellenbogen: Rechtes Knie nach links vorn kicken, während der linke Ellenbogen sich nach rechts bewegt und umgekehrt.

Mit Händen und Füßen: Wenn es ganz diskret sein soll, zum Beispiel während einer Konferenz, rechte Hand – linken Fuß gleichzeitig bewegen und linke Hand – rechten Fuß.

Die liegende Acht

Mit der Hand vor dem Körper eine große liegende Acht beschreiben und mit den Augen folgen. Das funktioniert besser, wenn jemand anders die Acht für Sie zeichnet und Sie der Bewegung der Hand mit den Augen folgen.

Die Augenbrauen massieren

Massieren Sie die rechte Augenbraue mit der linken Hand, die linke mit der rechten Hand, also über Kreuz. Die Arme sollen einander nicht berühren. Die vier Finger liegen jeweils oberhalb der Augenbraue, die Daumen unterhalb. Mindestens 20 Sekunden.

Die Ohren massieren

Massieren Sie die Ohren über Kreuz, die Arme sollen einander nicht berühren. Mindestens 20 Sekunden lang.

Eine vollständige visuelle Anleitung zum Entswitchen mit Erklärungen von Dr. med. Doepp finden Sie auf YouTube.

Meiner Erfahrung nach braucht man mindestens eine Minute, also drei Übungen à 20 Sekunden, um den gewünschten Effekt zu erzielen. Besser etwas länger.

Meine
Spontan-Bewegungs-und-Ton-Übung

Diese Übung ist zu der Zeit entstanden, als die Intuition mein einziger Lehrer und Meister war. Bis heute ist sie meine Lieblingskörperübung. Sie kann mich in kürzester Zeit entspannen, entlasten und mit frischer Energie und Lebensfreude füllen.

Es ist wichtig, das Grundprinzip zu verstehen, damit es bei Ihnen ebenso gut funktioniert.

Ihr Körper hat bestimmte Bewegungsbedürfnisse. Und Ihr Körper liebt es, diese Bewegungen mit einem Laut zu kombinieren. Wenn Sie sich zum Beispiel morgens im Bett strecken und recken, kann es sein, dass Sie laut dabei ausatmen (»ahhh«) oder seltsame Urlaute von sich geben, so wie kleine Kinder es auch tun. Ein erwachsener Mensch, so haben wir es gelernt, tut so etwas nicht. Höchstens darf man mal seufzen oder schnauben.

In dieser Übung erlauben Sie Ihrem Körper, diese Laute von sich zu geben, kombiniert mit Bewegung. Aber Sie komponieren diese Kombination nicht; der Körper macht es auf ganz natürliche Weise, so wie eben morgens beim Gähnen.

Wenn Sie sich müde und überlastet fühlen, wird das vielleicht ein Hängenlassen des Kopfes oder Oberkörpers mit einem lauten Seufzen sein oder einem »Haaa«. Wenn Sie sehr gestresst sind oder unter Druck stehen, fangen Sie vielleicht an, indem Sie mit einem Fuß aufstampfen und dabei einen aggressiven Laut ausstoßen. Oder ein explosives »p«, bei dem Sie mit den Ellbogen nach hinten stoßen. Imitieren Sie das bitte nicht, es sind nur Beispiele, damit Sie verstehen, was ich meine.

Jetzt kann es losgehen

- Sie beginnen im Stehen, Füße parallel und schulterbreit.
- Schließen Sie die Augen.

- Stellen Sie sich darauf ein, nun spontan diejenige Kombination von Bewegung und Laut aus sich herauskommen zu lassen, die Ihr Körper in diesem Moment produzieren möchte, um sich wohlzufühlen.
- Wiederholen Sie die erste Bewegung-und-Laut-Kombination noch zweimal.
- Dann wieder stillstehen, Augen schließen, den Körper auffordern, sich erneut durch Bewegung und Laut Wohlgefühl zu verschaffen.
- Jede Bewegungs-Laut-Kombination insgesamt dreimal ausführen.
- Wenn Sie den Eindruck haben, dass es genug ist, bleiben Sie noch einen Moment mit geschlossenen Augen still stehen, spüren Sie Körper und Atem.
- Falls noch ein Bewegungs-Laut-Bedürfnis nachkommen möchte, geben Sie ihm nach, bis Sie zufrieden sind.

Wie lange Sie diese Übung durchführen müssen, um ein Wohlgefühl zu erreichen, hängt natürlich davon ab, in welcher Verfassung Sie sind. Ich komme im Allgemeinen mit etwa zehn Bewegungs-Laut-Kombinationen aus. Das heißt, mit knapp zwei Minuten. Aber manchmal sind es auch drei oder fünf Minuten.

Achtung: Auch wenn die Bewegungen ganz spontan ausgeführt werden und Sie ganz dem natürlichen körperlichen Bedürfnis folgen sollen – seien Sie dennoch achtsam bei ihrer Ausführung! Nicht hysterisch übertreiben! Auf keinen Fall so fest mit dem Fuß aufstampfen, dass Sie sich das Fußgelenk verstauchen.

Die Körperzentrierte Herzensarbeit – Mein Universalwerkzeug für den Besinnungs-Rückzug und das ganze Leben

Die Körperzentrierte Herzensarbeit ist mein Universalwerkzeug. Sie können diese Methode überall anwenden: Wenn Sie zum Beispiel in einer Situation, die Ihnen über den Kopf wächst, blitzschnell zur Besinnung kommen wollen, oder wenn Sie sich in einem mehrtägigen spirituellen Retreat Ihren Lebensthemen in tief gehender Weise zuwenden wollen. Mithilfe der Herzensarbeit kümmern Sie sich um Ihre Gefühle. Dies ist bei aller spirituellen Arbeit wichtig, sonst steht der angestrebten Wirkung immer etwas im Weg – nämlich der Teil Ihrer selbst, den Sie ignorieren, den Sie verdrängen und der sich infolgedessen querlegt.

Über die Methode

Hinter all unseren Problemen steckt unsere Identifikation mit bestimmten Gefühlen, deren wir uns nicht bewusst sind. Selbst wenn es klar erkennbare äußere Umstände sind, die uns auf die Palme oder zur Verzweiflung bringen – das Problem besteht nicht aus den äußeren Umständen, sondern aus den Gefühlen, die diese in uns auslösen. Wäre es nicht so, würden alle Menschen auf die gleichen Umstände in der gleichen Weise reagieren. Wenn der Nachbar Ihnen seinen Dreck vor die Tür kehrt, finden Sie es vielleicht normal, mit Wut oder Empörung zu reagieren und denken, dass es anderen auch so geht. Hinter Ihrer Empörung steckt das Gefühl von Ungerechtigkeit, hinter Ihrer Wut vielleicht das Gefühl von Ohnmacht, da er das immer wieder macht und Sie sich nicht wehren können.

Aber falls Sie in den Nachbarn heimlich verliebt sind oder ihn bewundern, reagieren Sie vielleicht mit Trauer, und dahinter steckt das Gefühl, nicht gesehen zu werden oder wertlos zu sein. Ist Ihnen der Nachbar sympathisch, dann sind Sie sich vielleicht dessen bewusst, dass er ein wenig vertrottelt ist und das nicht absichtlich macht, und so reagieren Sie mit Nachsicht oder Mitleid oder sind ein wenig amüsiert und kehren den Haufen einfach weg. Ist er Ihnen gleichgültig, und Sie haben andere Sorgen, werden Sie den Haufen vielleicht gar nicht bemerken oder einfach darübersteigen. Haben Sie Ihren Nachbarn vermisst, weil er verreist war und Sie sich allein gefühlt haben, freuen Sie sich vielleicht sogar über den Haufen. Er zeigt Ihnen, dass der Mann wieder da ist – mitsamt seiner seltsamen Angewohnheit.

Das Problem liegt also nicht im Nachbarn und nicht im Dreckhaufen, sondern in der Art der Gefühle, die in Ihnen ausgelöst werden.

Die Lösung besteht daher darin – zunächst einmal jedenfalls –, sich um Ihre Gefühle zu kümmern. »Herzensarbeit« bedeutet genau das. Denn das Herz – gemeint ist hier unser Wesenszentrum – ist das, womit wir fühlen, und übrigens können wir damit nicht nur unsere eigenen Gefühle wahrnehmen, sondern auch die anderer.

Bestimmten Gefühlen gegenüber jedoch ist unser Herz verschlossen, das heißt, wir versuchen, sie nicht wahrzunehmen. Wir haben unser Herz mit einem oder mehreren Riegeln vor diesem Gefühl verschlossen. Zum Beispiel indem wir es verachten, es uns verbieten, es ignorieren, es übergehen, es leugnen, es nicht zulassen, ihm keinen Raum geben, dafür kein Verständnis, kein Mitgefühl, kein

Erbarmen haben oder aber aus Angst, dass es gefährlich oder zu groß ist.

Wird nun durch ein Ereignis eines dieser Gefühle in uns ausgelöst, schieben wir es blitzschnell in den Hintergrund. Doch gerade dadurch gewinnt es Macht über uns. Wir bemerken es ja gar nicht, es liegt im Dunkeln, und daher kann es uns ganz unbemerkt in eine bestimmte Richtung, in eine bestimmte Reaktion zwingen.

Dann wieder gibt es Gefühle, die wir zwar nicht unterdrücken, die wir jedoch trotzdem nicht wahrnehmen. Weil wir mit ihnen identifiziert sind. So können wir uns beispielsweise ärgern, wissen, dass wir uns ärgern, und haben auch nichts gegen diesen Ärger – im Gegenteil –, nehmen ihn aber dennoch nicht wahr, weil wir mit ihm identifiziert sind. Wir »sind« ärgerlich, wir »ärgern uns«, anstatt Ärger wahrzunehmen.

Wenn ich mich also über den besagten Nachbarn ärgere, der mir seinen Dreckhaufen vor die Tür kehrt, würde Herzensarbeit bedeuten, dass ich mich um meinen Ärger kümmere. Das heißt, ich wende mich vom Dreckhaufen und vom Nachbarn – also den äußeren Umständen – ab und mir selbst zu. Meinem Ärger. Fühle ihn. Kümmere mich um ihn. Öffne mein Herz für ihn. Und dann für das tiefere Gefühl, das hinter dem Ärger steckt. Zum Beispiel dem Gefühl von Ungerechtigkeit. Erst wenn diese Gefühle von meinem Herzen versorgt sind, wende ich mich wieder nach außen und schaue, was zu tun ist.

Doch was ist mit den Gefühlen, die mir überhaupt nicht bewusst sind, weil ich sie aus meinem Herzen ausgesperrt und aus meinem Bewusstsein verdrängt habe? Wie kann ich mich um sie kümmern?

Diese verdrängten Gefühle können wir auf ziemlich einfache Weise in unserem Körper wiederentdecken. Denn jedes Gefühl ist zugleich ein Körperzustand, und wenn es nicht gefühlt wird, bleibt dieser Zustand mehr oder weniger deutlich vorhanden, je nachdem wie oft das Gefühl ausgelöst wird. Wenn Sie Freude empfinden, verhält sich Ihr Körper ganz anders, als wenn Sie sich ärgern oder Angst haben. Wenn Sie ständig Freude empfinden, haben Ihre Augen sich daran gewöhnt, zu strahlen, Ihre Mundwinkel, sich nach oben zu ziehen, Ihr Gang ist beschwingt. Wenn Sie ständig Angst haben, wird Ihr Körper eher zusammengezogen sein, Ihre Schultern haben sich daran gewöhnt, sich ganz leicht nach vorne zu drehen oder sich hochzuziehen. Wenn Sie wütend sind, entsteht Spannung in den Armen, den Händen, im Kiefer und in anderen Körperteilen. Wenn Sie immer wieder wütend sind, ohne sich um die Wut und ihre Ursachen zu kümmern, ist die Spannung unterschwellig immer vorhanden, bereit, sich jederzeit in voller Stärke zu manifestieren, sobald es wieder einen Auslöser gibt.

Wenn das tiefere Gefühl hinter dieser Wut Wertlosigkeit ist – Sie fühlen sich wertlos, wissen aber nicht, dass das ein Gefühl ist, sondern halten es für Tatsache –, dann hat sich in Ihnen eine bestimmte körperliche Haltung verewigt, nicht so deutlich wahrnehmbar wie die geballte Spannung der Wut, aber doch auf subtile Weise spürbar. Sie halten sich weniger aufrecht, sprechen weniger deutlich und entschieden, schauen weniger klar oder herausfordernd, als Sie es könnten.

Um sich Ihrer wahren Gefühle in einer Situation bewusst zu werden, haben Sie also nichts weiter zu tun, als Ihre Aufmerksamkeit von den äußeren Umständen abzuziehen und in Ihren Körperzustand zu verlagern. Wenn Sie diesen ganz bewusst und aufmerksam erleben, werden Sie merken, dass ein Gefühl sich darin äußert. Oder mehrere.

Deshalb ist meine Herzensarbeit »körperzentriert«. Der Körper spielt die zentrale Rolle dabei. In ihm sind die Gefühle gespeichert, die wir nicht fühlen wollen, und in ihm können wir diese erstarrten Gefühle berühren, fühlen, sozusagen abholen und dorthin bringen, wo sie hingehören – ins Herz. Die Körperzentrierte Herzensarbeit beginnt also beim Wahrnehmen des Körperzustandes, der mit einer Situation (oder dem Gedanken an diese Situation) verbunden ist. Darin entdecken wir jene Gefühle, die uns in dieser Situation beherrschen und deren wir uns bisher nicht bewusst waren. Diese Gefühle steigen dabei nicht nur ins Bewusstsein auf, werden also *erkannt*, sondern auch ins Herz, werden also *gefühlt*. Der Körper kann sie nun loslassen, die Energie fließt wieder frei, die vorher durch das Festhalten der Gefühle (verdrängen = festhalten) blockiert war.

Nun sind wir nicht mehr identifiziert mit dem Gefühl, halten es also nicht mehr für eine Tatsache und betrachten die Situation nicht mehr durch die Brille dieser Überzeugung, sondern erleben sie auf völlig neue Weise. Unsere Sichtweise, unser Körperzustand, unser Verhalten verändern sich. Auf einmal sind wir handlungsfähig, wo wir vorher wie gelähmt waren. Oder wir merken, dass es überhaupt keinen Grund für Aufregung gibt, weil wir die Situation durch die Brille vergangener Erfahrungen gesehen haben.

Zurück zu unserem Beispiel: Der Dreckhaufen liegt zwar vielleicht immer noch vor Ihrer Tür, aber nun haben Sie beschlossen, Ihren Nachbarn mit Entschiedenheit darauf anzusprechen (wozu Sie vorher nicht in der Lage waren); oder

Sie haben verstanden, dass er ein wenig dement ist, schieben den Haufen einfach weg und fragen Ihren Nachbarn gelegentlich, ob er Hilfe braucht.

Oft sind die äußeren Umstände oder die Mitmenschen übrigens völlig unschuldig, es gibt gar keinen Dreckhaufen, er hat nur in unserer Einbildung existiert. In solchen Fällen lacht man am Ende der Herzensarbeit, weil man erkannt hat, mit welchem Unfug man sich identifiziert hat.

Sich von Fremdgefühlen befreien

Bevor wir in die Praxis gehen, muss ich noch erwähnen, dass viele der Gefühle, die uns beherrschen, gar nicht unsere eigenen sind. Wir haben ja die Fähigkeit, die Gefühle anderer wahrzunehmen. Nur sind wir uns dessen oft nicht bewusst, bemerken weder, dass uns gerade ein Gefühl besetzt, noch, von wem es kommt. Wir identifizieren uns einfach damit. Wenn Sie jemandem begegnen, der gerade einen Riesenärger hat, werden Sie diesen Ärger fühlen, aber nicht wissen, dass es sein Ärger ist, den Sie empfinden. Sondern Sie selbst werden plötzlich ärgerlich.

Um zu bemerken, dass Sie gerade das Gefühl eines anderen Menschen wahrnehmen, und sich nicht damit zu identifizieren, müssen Sie a) wissen, dass man fremde Gefühle aufschnappen und b) wach und präsent sein kann, wenn das passiert. Fragen Sie sich in einem solchen Moment sofort: »Wem gehört dieser Ärger, den ich auf einmal verspüre?« Wenn Sie erkennen, dass es der Ärger des anderen ist, werden Sie sich gar nicht erst damit identifizieren. In den allermeisten Fällen sind wir jedoch nicht wach, nicht präsent, übernehmen das fremde Gefühl, hängen unsere eigenen Gründe daran (einen guten Grund, sich zu ärgern, gibt es ja immer), und dann müssen wir es eben später in der Herzensarbeit an den eigentlichen Besitzer »zurückgeben«. Seit ich entdeckt habe, welch riesiger Anteil unserer Psyche den Fremdgefühlen gehört, ist das Zurückgeben ein zentraler Bestandteil der Körperzentrierten Herzensarbeit.

Durch das Erwachen aus der Identifikation mit einem Gefühl (und den dahintersteckenden Gedanken) und das Öffnen des Herzens wird klar, ob das unser eigenes Gefühl ist oder ob es in Wirklichkeit in das Herz einer anderen Person gehört. Es ist ein inneres Zurechtrücken. Bei jeder Herzensarbeit – oder zumindest immer dann, wenn sich am Ende nicht deutlich etwas verändert hat – prüfen wir also auch, ob das Gefühl, das wir entdeckt haben, ein Fremdgefühl ist und wem wir es zurückgeben müssen.

Resultat der ganzen Übung: Die Gefühle, die ja den eigentlichen Grund unseres Problems bilden, beherrschen uns nicht mehr. Sie sind uns bewusst geworden, und wir haben entdeckt, dass es Gefühle sind und keine Tatsachen. Wenn ich vorher bei bestimmten Anlässen immer wütend wurde, habe ich in der Herzensarbeit erst meine Wut entdeckt und ins Herz geholt und dann den Grund für die Wut: beispielsweise das Gefühl von Demütigung. Vorher dachte ich, das Verhalten einer anderen Person sei demütigend für mich, Demütigung sei also eine Tatsache und der andere verursache sie. Nach der Herzensarbeit habe ich sowohl die Wut als auch die Demütigung als Gefühl (statt als Tatsache) entdeckt, bewusst gefühlt, und auf einmal gibt es kein Drama mehr: Das Verhalten des anderen kann ich als seine Angelegenheit wahrnehmen, und meine Gefühle als meine Gefühle. Ich weiß jetzt, dass Demütigung keine Tatsache ist und dass »gedemütigt« keine Eigenschaft ist, die zu meinem

Wesen gehört. Es ist vielmehr eine Art, wie ich mich fühle – und diese ist in der Vergangenheit (meist Kindheit) entstanden. Oder ich habe sie womöglich von meiner Mutter übernommen. Nachdem ich das Gefühl »zurückgegeben« habe, fällt es völlig von mir ab.

Fazit: Ich betrachte die Situation nicht nur anders, ich bin ein neuer Mensch.

Weitere Folge: Das Leben wird eine spannende Reise der Selbstentdeckung, des Aufwachens, und zugleich kann ich die anderen immer besser verstehen.

Die Etappen der Übung

1. Schritt: Das Thema wählen und konkretisieren

Sie befinden sich entweder mitten in einer Situation oder erinnern sich an eine, die etwas in Ihnen auslöst. Sie möchten die Gefühle, von denen Sie in dieser Situation beherrscht werden oder wurden, entdecken und ins Herz holen (oder zurückgeben). Oder Sie möchten sich ganz allgemein Ihren Gefühlen zuzuwenden oder die Körperzentrierte Herzensarbeit üben. Im ersten Fall gibt es bereits das Thema, im zweiten Fall müssen Sie eines wählen. Was beschäftigt Sie gerade am meisten? Welcher Angelegenheit möchten Sie auf den Grund gehen? Konkretisieren Sie das Thema, indem Sie an eine bestimmte Situation denken, in der das Thema sich zeigt. Oder, falls die Sache noch vor Ihnen liegt, malen Sie sich die entsprechende Situation aus.

2. Schritt: Die Körperempfindung wahrnehmen

Nun spüren Sie Ihren Atem und Ihren Körper. Gehen Sie den ganzen Körper von Kopf bis Fuß durch, und prüfen Sie, an welchen Stellen Sie etwas Besonderes wahrnehmen. Das kann ein Gefühl von Kälte oder Hitze sein, ein Zusammenziehen, ein Druck, Schmerz, Zittern, eine Taubheit oder Schlaffheit … Was auch immer Ihnen auffällt: Verweilen Sie dort. Konzentrieren Sie Ihre Aufmerksamkeit auf diesen Teil Ihres Körpers. Erleben Sie seinen Zustand bewusst. Lernen Sie ihn kennen. (Falls mehrere Bereiche sich melden, wählen Sie zunächst denjenigen aus, den Sie am deutlichsten spüren können.)

3. Schritt: Das Gefühl entdecken

Während Sie Ihren Atem spüren und aufmerksam diesen besonderen Körperzustand erleben, richten Sie Ihre Aufmerksamkeit darauf, wie Sie sich bei dieser Körperempfindung fühlen.

Wie geht es Ihnen, welches Gefühl taucht auf oder drückt sich dort aus? Benennen Sie es möglichst genau. Verweilen Sie bei diesem Gefühl. Lernen Sie es kennen. Spüren Sie Ihren Atem. Machen Sie sich klar, dass es ein Gefühl ist, das Sie betrachten (und keine Tatsache). Je mehr Sie sich nach innen wenden, weg von der Situation im Außen, hin zu Ihrem Körper und dem Gefühl im Innern dieses Körperzustandes, desto leichter wird es Ihnen fallen, das Gefühl zuzulassen. Sie können es sich sogar leisten, es ein wenig größer werden zu lassen, um es richtig kennenzulernen.

4. Schritt: Ihr Herz für das Gefühl öffnen

Während Sie weiter bei diesem Gefühl verweilen, bieten Sie ihm die folgenden Herzensschlüssel an. Achten Sie darauf, auf welches oder welche Schlüsselworte (meist werden mehrere gebraucht) Sie eine Reaktion feststellen können – Erleichterung, Berührtsein, Zustimmung, Erschütterung. Oder eine körperliche Entspannung.

Jetzt geht es los. Sie sind immer noch mit der Aufmerksamkeit bei Ihrem Gefühl. Nun fragen Sie sich: »Was braucht dieses Gefühl (nennen Sie es beim Namen, zum Beispiel »dieser Ärger«) von meinem Herzen?« Bieten Sie dann folgende Schlüssel an:

Die Herzensschlüssel
- Wahrgenommen werden
- Anerkennung, dass es existiert, statt Leugnung
- Erlaubnis, da sein zu dürfen
- Verständnis
- Mitgefühl
- Erbarmen: sich darum kümmern
- Achtung
- Raum: Es darf sich in Ihrer Wahrnehmung ausbreiten
- Gefühlt werden
- Als Gefühl (statt als Tatsache) wahrgenommen werden.

Sie werden merken, wenn Sie das Richtige getroffen haben, also das, was dieses Gefühl braucht, aber bisher nicht von Ihrem Herzen bekommen hat.

Gehen Sie die Liste ein zweites Mal durch, und nehmen Sie diesmal Varianten dazu, die es manchmal noch genauer treffen:

- Wahrgenommen, gesehen, gehört werden?
- Anerkennung, Daseinsberechtigung?
- Erlaubnis, da sein zu dürfen, von Verurteilung befreit werden?
- Verständnis?
- Mitgefühl?

- Erbarmen, sich darum kümmern, für es da sein?
- Achtung, Respekt, Würdigung, Beachtung?
- Raum? In seiner ganzen Größe gesehen werden?
- Gefühlt werden – mit allen Fasern?
- Als Gefühl wahrgenommen werden (statt als Tatsache)?

Falls Ihnen Letzteres schwerfällt, erkennen Sie an, dass es auch eine Tatsache gibt. Doch das, was Sie gerade anschauen, ist ein Gefühl und möchte von Ihrem Herzen auch als Gefühl erkannt werden. Oder stellen Sie sich vor, größer zu sein als das Gefühl (was ja auch der Fall ist), sodass das Gefühl in Ihnen ist statt Sie in dem Gefühl.

Wenn das alles nicht hilft, ist die Wahrscheinlichkeit groß, dass es sich ganz oder teilweise um ein fremdes Gefühl handelt. Sobald Sie den fremden Anteil zurückgegeben haben und nur noch Ihr eigenes Gefühl übrig bleibt, können Sie die Herzensschlüssel noch einmal durchgehen. Diesmal wird es problemlos klappen, denn das Gefühl hat seine »Übergröße« verloren.

5. Schritt: Fremdgefühle zurückgeben

Falls Ihre Identifikation mit dem Gefühl also immer noch da ist und sich nicht viel verändert hat, fragen Sie sich:

Ist dies überhaupt mein Gefühl? Oder habe ich es von jemandem übernommen? Falls ja, von wem?

Als Antwort kann das Bild einer bestimmten Person auftauchen, aber auch von mehreren Personen. Denken Sie an die Menschen, die mit der Situation zu tun haben, aber auch an Vater, Mutter und andere wichtige Angehörige. Manche Gefühle hat man von einem Kollektiv (zum Beispiel dem Religions-, Nations- oder Geschlechtskollektiv).

Denken Sie nicht darüber nach, ob Ihre Intuitionen stimmen; Sie werden es bei der Rückgabe erkennen. Am Resultat werden Sie merken, ob Sie ein fremdes Gefühl zurückgegeben oder versucht haben, ein eigenes loszuwerden. (Das eigene geht nämlich durch die Rückgabe nicht weg.)

Stellen Sie die Person oder Personen vor sich hin, die vor Ihrem geistigen Auge auftauchen, oder einfach alle, die zur Situation gehörigen, sowie alle wichtigen Angehörigen und eine symbolische Gestalt für »Unbekannt« oder »Kollektiv«. Sagen Sie sinngemäß zu ihr oder ihnen: »Ich habe hier das Gefühl … (Name des Gefühls), und ich habe den Eindruck, dass es mir nicht gehört. Ich gebe es dir (euch) hiermit zurück.« Stellen Sie sich diese Rückgabe bildlich vor, indem Sie das Gefühl beispielsweise vor sich ablegen oder es den Menschen entgegenhalten.

Beobachten Sie, was geschieht. Geht es ganz einfach, und die Person (oder mehrere Personen der Reihe) nimmt das Gefühl – gut. Nimmt sie es nicht, Sie haben aber den Eindruck, dass es ihr gehört, legen Sie es ihr vor die Füße.

Nun achten Sie auf Ihr eigenes Gefühl. Wie geht es Ihnen damit? Wie fühlt sich das körperlich an? Wie fühlen Sie sich? Meist fühlt man sich einfach erleichtert oder befreit. Manchmal aber taucht ein neues Gefühl auf, beispielsweise Trauer, Angst, Mitleid, Zorn oder auch Liebe. Lernen Sie dieses eigene Gefühl kennen, indem Sie es bewusst fühlen, und öffnen Sie Ihr Herz dafür, indem Sie wiederum die Schlüsselworte durchprobieren.

Sollte von dem Gefühl, dessen Rückgabe Sie sich vorgestellt haben, noch ein Rest bei Ihnen verbleiben, bieten Sie ihm nochmals die Herzensschlüssel an, bis Sie den Eindruck haben, dass es nun gut versorgt ist.

6. Schritt: Zurück in die Ausgangssituation
Stellen Sie sich wieder die Situation vor, mit der Sie am Anfang in die Übung eingestiegen sind.

Anders als vorher nehmen Sie nun das Gefühl, das Sie vorher beherrscht hat, ganz bewusst in Ihrem Herzen wahr – mit Verständnis oder was immer es gebraucht hat. Oder Sie haben es zurückgegeben, und es ist nicht mehr da.

Wie spielt sich die Situation in Ihrem inneren Film jetzt ab? Wie verhalten Sie sich, wie sehen Sie die Situation, wie ist Ihre Körperhaltung? Beobachten Sie, was sich verändert hat.

Wenn Sie die Beschreibung der Methode aufmerksam durchgelesen haben, können Sie mithilfe der folgenden Schritt-für-Schritt-Anleitung einen ersten Durchgang ausprobieren. Setzen Sie sich bequem und aufrecht hin, schließen Sie die Augen und atmen Sie einige Male durch.

1. **Thema und Ausgangssituation**
   Wählen Sie das Thema, das Sie sich anschauen möchten. Vergegenwärtigen Sie es sich, indem Sie an eine konkrete Situation denken.

2. **Körperzustand**
   Wie fühlt es sich körperlich an, daran zu denken? Wo im Körper spüren Sie etwas? Verweilen Sie dort mit Ihrer Aufmerksamkeit, spüren Sie den Atem, erleben Sie diesen Körperzustand bewusst.

3. **Emotion/Gefühl**
   Achten Sie auf Ihr Gefühl. Wie fühlen Sie sich in diesem Körperzustand? Welches Gefühl taucht auf? Verweilen Sie bei diesem Gefühl, nehmen Sie sich Zeit, es kennenzulernen. Fühlen Sie es bewusst. Spüren Sie Ihren Atem dabei.

4. Herz öffnen

Fragen Sie sich: Was braucht dieses Gefühl (benennen) von meinem Herzen? Probieren Sie die Herzensschlüssel durch, und achten Sie auf die Reaktion:

- Wahrgenommen, gesehen, gehört werden?
- Anerkennung, Daseinsberechtigung?
- Erlaubnis, da sein zu dürfen, von Verurteilung befreit werden?
- Verständnis?
- Mitgefühl?
- Erbarmen, sich darum kümmern, dafür da sein?
- Achtung, Würdigung, Beachtung?
- Raum? In seiner ganzen Größe gesehen werden?
- Gefühlt werden – mit allen Fasern?
- Als Gefühl wahrgenommen werden (statt als Tatsache)?

5. Fremdgefühl

Falls sich noch nicht viel verändert hat, fragen Sie sich: Ist das überhaupt (ganz) mein Gefühl oder habe ich es (ganz oder teilweise) vielleicht von jemandem übernommen? Von wem?

Stellen Sie sich vor, das Gefühl zurückzugeben. Fragen Sie sich nicht, ob das richtig ist, beobachten Sie einfach, was in Ihrer Vorstellung passiert.

Eigenes Gefühl nach der Rückgabe: Wie fühlt sich das (was auch immer bei der Rückgabe passiert) im Körper an, wie fühle ich mich dabei, was braucht dieses Gefühl von meinem Herzen? (Schlüssel anbieten)

6. Zurück in die Ausgangssituation

Stellen Sie sich vor, erneut die Ausgangssituation zu erleben, nun mit dem entdeckten Gefühl im Bewusstsein und im Herzen (oder nachdem Sie es zurückgegeben haben). Achten Sie auf Veränderungen. Wie erleben Sie die Situation jetzt, wie verhalten Sie sich?

Wie man nach dem ersten Durchgang weiter vorgeht

Nach dem ersten Durchgang – in dem Sie eines der Gefühle entdeckt haben, die in Ihrem Thema eine Rolle spielen – gehen Sie genauso weiter vor. Was meldet sich noch im Körper, wenn Sie erneut an die Situation denken? Wie heißt das Gefühl, das sich darin zeigt, was braucht es vom Herzen? Was verändert sich, wenn Sie dieses Gefühl bewusst in der Situation wahrnehmen, statt es zu verdrängen oder auszuagieren? Oder nachdem Sie es zurückgegeben haben?

Gehen Sie weiter auf diese Weise vor, setzen Sie immer wieder beim Körper an, bis Sie auf den Grund des Themas gestoßen sind. Der Grund bei einem Problem (nicht bei einem angenehmen Thema) liegt immer in der Identifikation mit einem Grundschmerz. Beispielsweise dem Gefühl, unerwünscht oder abgelehnt zu sein. Wenn Sie unbewusst denken, dass das eine Tatsache ist – dass Sie unerwünscht, abgelehnt, schlecht oder wertlos *sind* –, dann ist es natürlich unerträglich, an diese »Tatsache« erinnert zu werden. Daher die negativen emotionalen Reaktionen: wütend werden, flüchten, sich verschließen oder verzweifeln.

Wenn dieses Grundgefühl aber während der Übung der Körperzentrierten Herzensarbeit auftaucht, werden Sie es bewusst wahrnehmen und sofort erkennen, dass es ein Gefühl ist. Somit können Sie Ihr Herz dafür öffnen und/oder es an die Person zurückgeben, von der Sie es übernommen haben, beispielsweise Mutter oder Vater.

Danach ist der Spuk vorbei, die ganze Problematik fällt wie ein Kartenhaus in sich zusammen. Zuvor haben Sie ja alles durch die Brille einer Grundidentifikation betrachtet, aus der Sie nun aufgewacht sind. Nun müssen Sie nur noch bewusst beobachten, wie Sie reagieren, wenn Ähnliches wieder geschieht, und wie Sie die Welt, sich selbst und Ihre Beziehungen erleben, nachdem Sie nicht mehr dem Gedanken verhaftet sind, unerwünscht zu sein.

Ein wichtiger Hinweis für die Zeit danach: Nach der Herzensarbeit müssen Sie dieses Gefühl einige Wochen lang konsequent im Auge behalten; sich immer wieder daran erinnern, auf das Gefühl achten, wenn es ausgelöst wird, beobachten, welche Veränderung geschieht, wenn Sie es als Gefühl erkennen und fühlen, statt es mit negativen Reaktionen wie Wut zu verdrängen. So beeindruckend die Befreiung am Ende einer gelungenen Herzensarbeit auch ist – die wirkliche Veränderung geschieht erst durch die Nacharbeit im »richtigen Leben«. Denn die alten Schneisen sind noch ins Gehirn eingeprägt und alte Verhaltensmuster treten immer wieder zutage. Wenn Sie aber wach sind, bemerken Sie das Gefühl, erkennen es wieder, wissen sofort, dass es ein Gefühl ist und keine Tatsache, und daher identifizieren Sie sich nicht mehr damit. Sie verhalten sich nun anders.

Sehnsucht und Wünsche wahrnehmen

Oft meldet sich vor, neben oder nach dem Grundschmerz noch eine Sehnsucht, meist nach dem Gegenteil, wie etwa angenommen oder wertgeschätzt zu werden. Gehen Sie mit dieser Sehnsucht genauso um wie mit allen anderen Gefühlen: sie körperlich spüren (meist spürt man sie im Herzen als Ziehen) und ihr die Herzensschlüssel anbieten.

Für das Gefühl von Sehnsucht (oder Wunsch) gibt es einen Extraschlüssel. Er heißt »es für möglich halten« bzw. »von der Idee der Unmöglichkeit befreit werden«. Denn der Deckel, unter dem wir unsere Sehnsüchte und Wünsche meistens begraben, heißt »es ist nicht möglich«, »es ist unerfüllbar, daher hat es auch keinen Zweck, diese Sehnsucht zu fühlen«.

Wenn bei einer Herzensarbeit das Gefühl »Sehnsucht« (oder ein Wunsch) auftaucht, wenden Sie zusätzlich zu den anderen Herzensschlüsseln also auch an »es für möglich halten«. Überlegen Sie nicht, ob es möglich *ist*, sondern beobachten Sie, ob Ihr Gefühl auf die Idee, es für möglich zu halten, angenehm berührt oder erleichtert reagiert! Das bedeutet, dass Ihr Herz sich diesem Gefühl geöffnet hat.

Positives Gefühl: In der Sehnsucht ist latent ein angenehmes, gutes Gefühl enthalten. Um es zu finden, brauchen Sie nur auf das Bild zu achten, das die Erfüllung Ihrer Sehnsucht darstellt. Versetzen Sie sich in dieses Bild hinein, erleben Sie die Erfüllung Ihrer Sehnsucht, als hätte sie schon stattgefunden. Nehmen Sie den Körperzustand wahr, der sich damit verbindet. Wie fühlt es sich an, die Wunscherfüllung zu erleben? Und wie fühlen Sie sich darin? Benennen oder umschreiben Sie dieses Gefühl. Manchmal ist es eine einfache Bezeichnung wie »frei« oder »angenommen«, manchmal komplexer wie »aufrecht, klar und bei mir«.

Öffnen Sie Ihr Herz auch für das gute Gefühl. Neben allen anderen Herzensschlüsseln (außer Mitgefühl und Erbarmen) brauchen positive Gefühl meist auch »Pflege« (das heißt, immer wieder gefühlt zu werden, sich oft daran erinnern). Das hat damit zu tun, dass die negativen und schmerzhaften Gefühle samt den dazugehörigen Reaktionsabläufen im Gehirn verankert sind und daher von selbst immer wieder auftauchen, während das frisch entdeckte positive Gefühl ungewohnt ist und daher aktive Aufmerksamkeit braucht.

Wenn ein Gefühl auf den Herzensschlüssel »Pflege« positiv reagiert, bedeutet das natürlich, dass Sie ihm nach der Herzensarbeit diese Pflege tatsächlich auch geben sollen. Sie pflegen es, indem Sie es sich einprägen (wie es heißt, wie es sich anfühlt, mit welchem Bild es verbunden ist) und dann üben, sich daran zu erinnern – morgens, mittags, abends. Nehmen Sie es ganz bewusst mit in Ihr Leben, in Ihre Beziehungen, in Situationen. Ganz einfach, indem Sie sich daran erinnern, es zu fühlen.

Gefühlsschichten, die an jedem Problem beteiligt sind

Um zu verstehen, woraus ein Problem sich zusammensetzt und woran Sie erkennen können, dass Sie es bis auf den Grund angeschaut haben, gebe ich Ihnen hier eine Übersicht über die Schichten von Gefühlen, die bei der Körperzentrierten Herzensarbeit rund um ein Problem auftauchen können:

- Negative Emotionen (wie Wut, Ärger, Trauer, Angst, Verzweiflung, Kälte, Gleichgültigkeit, Rache, Zorn, Entmutigung), die sich auf ein tieferes Gefühl beziehen: den Grundschmerz. Zum Beispiel reagiere ich ärgerlich (negative Emotion), weil ich mich abgelehnt fühle (Grundschmerz).
- Grundschmerz (wie sich abgelehnt, unerwünscht, verlassen, allein, verraten oder betrogen, ungerecht behandelt, gedemütigt, herabgesetzt, wertlos, schlecht fühlen). An manchen Problemen sind mehrere

Grundschmerzen beteiligt, und man ist erst »durch«, wenn man sie alle entdeckt hat.

- Sehnsucht (meist nach dem Gegenteil).
- Positives Gefühl (oder positive Gefühle), das man entdeckt, wenn man sich in die Vorstellung der Erfüllung dieser Sehnsucht vertieft.

Sie müssen aber nicht immer gleich alle Schichten durcharbeiten, um eine entscheidende Veränderung in Bezug auf Ihr Thema zu erreichen. Jedes Mal, wenn Sie ein Gefühl aus der Verdrängung ins Herz holen, erleben Sie einen schönen Moment von Selbstliebe und Herzöffnung, und Sie werden erleben, dass sich nachher in Ihrem Verhältnis zur Situation, in Ihren Reaktionen und manchmal auch in der Situation selbst etwas verändert hat.

Der Nutzen der Körperzentrierten Herzensarbeit im Besinnungs-Rückzug und im Alltag

Im Retreat hat die Körperzentrierte Herzensarbeit einen zentralen Platz, denn wenn Sie einige Tage lang allein sind, schweigen und sich nur mit Meditation und spirituellen Übungen beschäftigen, tauchen unweigerlich viele Lebensthemen und damit auch viele Gefühle auf. Unterbrechen Sie Ihre spirituelle Übung, um sich mithilfe der Herzensarbeit um auftauchende Gefühle zu kümmern, dann werden Sie nachher umso tiefer in die Meditation einsteigen können.

Ferner verleiht Ihnen die Übung der Körperzentrierten Herzensarbeit genau die wache und neutrale Bewusstheit, die Sie auf dem spirituellen Weg brauchen, um nicht hereinzufallen auf Fantasien, spirituelle Glaubenssätze – eigene und fremde – oder den Wunsch, an schönen Erlebnissen festzuhalten, oder auf Ideen, wie die von der eigenen Überlegenheit oder Unzulänglichkeit, oder auf Selbstverurteilung.

Auch im Alltag ist die Körperzentrierte Herzensarbeit von unschätzbarem Wert: Wie oft werden wir von Situationen überrascht und erleben hilflos, dass wir uns so verhalten, wie wir uns gar nicht verhalten möchten? Wie oft überfallen uns plötzlich heftige Emotionen, wie oft sind wir Opfer unserer Gefühle, ohne zu erkennen, dass wir sie eigentlich von anderen übernommen haben und einfach zurückgeben können? Wie oft verschließen wir unser Herz vor eigenen Gefühlen, vor denen anderer? Wie oft merken wir nicht, dass wir aus einzelnen Erfahrungen Schlussfolgerungen ziehen, die unser Verhalten und unser Leben verändern, ohne zu erkennen, dass das nur Gedanken sind und keine Tatsachen? Wir kreieren uns unsere Illusion und statt in der Realität agieren und reagieren wir in unserem »Film«, machen unsere Mitmenschen zu Mitspielern, statt ihnen zu begegnen, wie sie wirklich sind, und die Situation zu sehen, wie sie wirklich ist. Wir übernehmen nicht nur Gefühle von anderen, wir projizieren auch unsere eigenen Gefühle, Bilder, Erinnerungen auf Menschen, die in Wirklichkeit gar nichts damit zu tun haben. Und dann reagieren wir wiederum auf unsere Projektionen, machen uns selbst wütend oder traurig. Wie oft können wir nicht mit den Anforderungen der Arbeit, der Mitmenschen, der Familie, der Gesellschaft umgehen, fühlen uns überfordert, hilflos, ausgeliefert, gestresst?

Die Körperzentrierte Herzensarbeit hilft uns dabei,

- Gefühle wahrzunehmen, sie als Gefühle zu erkennen, sich ihrer zu erbarmen, sich um sie zu kümmern, statt sie auf die Außenwelt zu projizieren.

- Gedanken als Gedanken zu erkennen, statt sie für Wahrheit oder Realität zu halten.
- Aus falschen, einschränkenden, quälenden Grundüberzeugungen aufzuwachen und damit unsere seelischen Wunden zu heilen.
- Die Motive hinter unserem Handeln zu erkennen.
- Wahrzunehmen, wenn wir von einem eigenen oder fremden Gefühl eingenommen werden.
- Zu spüren, wie unsere Mitmenschen sich fühlen, und dennoch bei uns zu bleiben.

In konkreten Situationen kann uns eine Kurzversion der Übung blitzartig zur Besinnung bringen, uns von Fremdgefühlen befreien, die uns gerade zugeflogen sind, uns erkennen lassen, wie die anderen sich gerade fühlen, uns zu uns selbst zurückbringen und aus der Hypnose aufwecken, in die wir durch Bildschirme, Gespräche oder die Tyrannei unserer unbewussten Gefühle immer wieder geraten.

Gehen als Übung

Es gibt viele Arten von Gehen, die »rückzugtauglich« sind. Die berühmteste ist eine Pilgerwanderung wie zum Beispiel auf dem Jakobsweg.

Gehen kann eine meditative Übung sein, die uns zu uns bringt, zu unserem Körper, unserem Atem, weg vom Lärm der Gedanken. »Achtsames Gehen« nennt man diese Art der Fortbewegung. Damit ist nicht der Weg von A nach B gemeint, eine sportliche Betätigung, ein Stadtbummel oder ein Spaziergang in der Natur, sondern das Gehen an sich.

Man nimmt jeden Schritt bewusst wahr, setzt die Füße bewusst auf, spürt seinen Atem, die Muskelbewegungen, die Gewichtsverlagerung.

Gehen kann uns von etwas wegbewegen oder zu etwas hin. Wir verlassen das Haus und gehen spazieren, um uns von einer häuslichen Situation zu entfernen, durchzuatmen und Abstand zu gewinnen. Wir begeben uns auf eine große Wanderung oder Pilgerreise, um aus dem alltäglichen Kontext auszusteigen und zu uns selbst zu finden.

Oder wir bewegen uns auf etwas zu, beispielsweise wenn wir in die Kirche gehen, jemanden besuchen, uns zu einer wichtigen Verhandlung begeben. Dann nutzen wir das Gehen, um uns auf das Ereignis einzustimmen und vorzubereiten.

Auf die gleiche Weise kann man Gehen im Besinnungs-Rückzug als Instrument nutzen, um sich von etwas fortzubewegen (beispielsweise aus einem Gedanken-Gefühls-Knoten oder einer Situation, in der die Übung ins Stocken geraten ist) oder um sich auf etwas zuzubewegen (ein Ziel, eine Lösung).

Bewegung in den Prozess bringen

Haben Sie schon einmal erlebt, dass plötzlich ein innerer Prozess in Bewegung kam, als Sie aufstanden und herumgingen? Ich sitze an meinem Computer, habe eine schöne Überschrift für mein Kapitel formuliert und dann starre ich auf den leeren Bildschirm und mir fällt absolut nichts ein. Da merke ich, dass ich Durst habe, stehe auf, gehe in die Küche, um mir etwas zu trinken zu holen – und auf einmal regnet es Inspirationen. Äußere Bewegung bringt innere Bewegung.

- Tiefe Konzentration auf körperliche und seelische Vorgänge: im Sitzen
- Leben und Bewegung ins Thema bringen: im Gehen.

Gern nutze ich das Gehen, um im Meditations-Retreat Bewegung in die Sache zu bringen, wenn ich eine Lösung suche oder eine Herzensarbeit machen möchte:

Erst einmal hinsetzen, den Atem spüren, eine gute Meditationshaltung einnehmen, ein Einstiegsritual durchführen, zum Beispiel eine Kerze anzünden. Sich mit Himmel und Erde verbinden. Sich klarmachen, um was es gehen soll.

Dann beginne ich mit der eigentlichen Übung, zum Beispiel der Körperzentrierten Herzensarbeit zu einem Thema, das mich gerade beschäftigt.

An irgendeinem Punkt merke ich, dass es nicht richtig weitergeht, dass mir die Übung schwerfällt. Die Konzentration lässt nach, das Thema verblasst. Dann schließe ich die Übung nicht ab, sondern stehe bewusst und achtsam auf und bewege mich im Freien oder innerhalb der Wohnung. Ich erlaube den Gedanken, ein wenig um das Thema herumzuvagabundieren, während ich auf und ab gehe. Irgendwann wird das Thema in mir wieder lebendig, die Emotionen tauchen auf und dann ist der Moment gekommen, mich wieder niederzulassen und meine Herzensarbeit konzentriert fortzusetzen.

Gehen lässt sich auch sehr gut einsetzen, wenn man eine Situation klären und eine Entscheidung treffen möchte:

Hinsetzen, Einstiegsritual, Atem und Körper spüren, das Ziel der Übung definieren, etwa: »Ich möchte wissen, welches die für mich richtige Entscheidung in dieser Situation ist.«

Dann nehme ich mir vor, mich erst auf eine mögliche Entscheidung zu konzentrieren und später auf die andere(n).

Ich stehe auf, beginne mein Umherwandern. Meine Möglichkeit A kontemplierend, wandere ich in eine Richtung; um die Gefühle kennenzulernen und ins Herz zu holen, die sich aus Entscheidung A ergeben, bleibe ich stehen oder setze mich hin. Dann wechsle ich die Richtung, wandere wieder zurück, während ich Möglichkeit B betrachte.

Auf diese und ähnliche Weise lässt sich das Gehen unterstützend für die Sitzmeditation einsetzen. Seien Sie kreativ dabei! Es ist eine besondere ergiebige Praxis, wenn Sie einen großen Garten haben oder in einem Wald oder Park ungestört herumwandern können. Nutzen Sie Hinweg und Rückweg wie oben geschildert oder in ähnlicher Weise; nutzen Sie Kreuzungen, Abzweigungen, Rundwege, um Ihre inneren Betrachtungen durch äußere Richtungswechsel und Stopps zu unterstützen.

Den Atem spüren

Spüren Sie Ihren Atem?

Können Sie, während Sie diese Zeilen lesen, Ihren Atem spüren?

Fast alle spirituellen Traditionen betonen die Wichtigkeit des Atems. Meditationen werden mit Atemübungen eingeleitet, ja, Atemübungen werden selbst zu Meditationen. Das Wichtigste aber ist, sich des Atems bewusst zu sein, und zwar nicht nur bei der Meditation, sondern immer und überall.

Spüren Sie Ihren Atem?

Hören Sie jetzt auf, zu lesen, und richten Sie Ihre ganze Aufmerksamkeit auf den Atem. Sie merken vielleicht, dass Ihre Bauchdecke sich beim Einatmen hebt und beim Ausatmen senkt. Sie merken, wie Ihre Rippen sich weiten und wie der Atem durch die Nasenlöcher strömt.

Bleiben Sie eine Weile bei dieser Wahrnehmung, ohne zu lesen.

Spüren Sie Ihren Atem. Nichts weiter.

Jetzt sind Sie ganz bei sich.

Dies ist die Basis aller Meditation. Meditation ist Besinnung. Besinnung ist, worum es hier geht.

Besinnung ist nicht nachdenken. Besinnung ist innehalten. Wenn du innehältst, nimmst du das wahr, was immer weitergeht. Den Atem.

Wenn du den Atem spürst, fühlst, erlebst: Dann bist du bei dir angekommen.

Das ist der erste und grundlegende Rückzug, die elementare Auszeit.

Beim Lesen dieses Buches, wenn Sie die Lektüre für heute beenden, bevor Sie etwas anfangen, während Sie etwas tun, etwas beenden: Gönnen Sie sich immer wieder einige Atemzüge lang Auszeit. Die Welt kann ruhig ein paar Sekunden lang auf Sie warten, ebenso Ihre Vorhaben, Wünsche und Süchte. Erst einmal zu sich kommen und den eigenen Atem spüren.

Atemmeditation

Setzen Sie sich aufrecht hin, zum Beispiel auf einen Stuhl mit Rückenlehne, damit sich Ihr Körper nicht anstrengen muss, um die aufrechte Haltung beizubehalten. Rutschen Sie ganz nach hinten an die Lehne. Auf diese Weise wird der untere Rücken gestützt, und das erlaubt es Ihnen, entspannt aufrecht zu sitzen. Oder setzen Sie sich auf ein Meditationskissen auf dem Boden.

Falls Sie auf einem Stuhl sitzen: Beide Füße stehen auf dem Boden.

Was Sie mit den Händen machen, entscheiden Sie selbst. Sie können vor dem Unterbauch locker zusammengelegt werden oder auf den Oberschenkeln ruhen. Hauptsache, bequem.

Vergewissern Sie sich, dass Sie nun eine Viertelstunde (oder welchen Zeitraum Sie veranschlagt haben) frei haben und dass Sie sich während der Zeit unbesorgt ausklinken können: Es steht nichts auf dem Herd und kocht, das Telefon ist stumm oder auf Anrufbeantworter geschaltet, das Handy ist aus.

Nehmen Sie bewusst Ihre Sinneseindrücke wahr: Was sehen, hören, riechen, schmecken und spüren Sie jetzt?

Spüren Sie Ihren Atem.

In der Zen-Meditation hält man die Augen leicht geöffnet und richtet den Blick vor sich auf den Boden, ohne etwas Bestimmtes anzuschauen. Ich schließe die Augen bei der Meditation, da meine Augen sonst in ungesundes Starren verfallen. Probieren Sie aus, was für Sie angenehm ist.

Konzentrieren Sie sich ganz darauf, Ihren Atem zu spüren – in der Nase, in der Brust, im Bauch. Spüren Sie, wie der ganze Körper atmet.

Nehmen Sie es nicht als anstrengende Konzentrationsübung, sondern als wohltuende Selbstzuwendung. Ganz bei sich sein und sich spüren. Mit dem Atem den ganzen Körper durchdringen, ausfüllen, beleben.

Bleiben Sie beim Atem.

Wenn Sie merken, dass Sie in Gedanken sind, kehren Sie zurück zum Atem.

Spüren Sie Ihren Atem. Seien Sie ganz beim Atem.

Wieder in Gedanken? Zurück zum Atem.

Und wieder kommen Gedanken? Zurück zum Atem. ✤

Es ist völlig normal, sich von Gedanken davontragen zu lassen. Es geht nicht darum, dagegen anzukämpfen! Wachen Sie einfach aus Ihren Gedanken auf, sobald Sie merken, dass Sie nicht mehr in der Gegenwart sind. Kehren Sie zum Atem und zu den Sinneseindrücken zurück. Spüren Sie Ihren Körper.

Wenn Ihre Übungszeit abgelaufen ist oder Sie die Übung beenden möchten, öffnen Sie die Augen und spüren Sie weiterhin Ihren Atem. Nehmen Sie sich vor, auch später immer wieder Ihren Atem zu spüren.

Nach und nach werden Sie merken, dass Sie mehr bei sich sind, mehr in sich zentriert (statt zerstreut und außer sich), dass Sie aufmerksamer werden für die Bedürfnisse Ihres Körpers und Ihrer Psyche, aber auch für Wahrnehmungen der Außenwelt, die für Sie wichtig sein können, wie Hinweise, Warnungen, Vorgefühle und so fort. Sie werden auch ein besseres Verhältnis zu Ihrem Körper bekommen.

Wenn Sie diese Übung einige Male durchgeführt haben und dabei aufmerksam wahrnehmen, was geschieht, werden Sie feststellen, dass der Atem sich verändert. Nach und nach wird er von selbst ruhiger, feiner, tiefer, und das erleichtert es Ihnen, in einen Zustand der Gedankenruhe zu gelangen.

Die Spontan-Atem-Technik

Sie können Ihren Atem willentlich beeinflussen. Statt absichtlich die Atemzüge zu verlängern, schlage ich Ihnen folgende Technik vor, die ich für mich entwickelt habe.

Beginnen Sie wie eben geschildert.
Achten Sie dann auf spontan auftauchende Atembedürfnisse, zum Beispiel Gähnen. Wenn wir gähnen »müssen«, werden wir es nicht unterdrücken, schon weil das fast unmöglich ist. Andere spontan auftauchende Atembedürfnisse unterdrücken wir meist, wenn wir nicht allein sind oder weil wir gelernt haben, körperliche Reaktionen zu unterbinden, die kindisch, lächerlich oder befremdend wirken könnten.

Ein spontan auftauchendes Atembedürfnis ist beispielsweise das Seufzen.

Oder tief aufatmen.

Scharf den Atem durch die Nase ziehen.

Schnauben.

Stoßweise oder prustend atmen.

Laden Sie Ihre Atembedürfnisse ein, sich zu melden. Folgen sie Ihnen sofort. Vielleicht meldet sich ein Seufzer.

Und noch einer. Vielleicht ein lautes Aufatmen, gefolgt von einem entspannenden Seufzer (der ruhig laut sein darf!). Vielleicht haben Sie Lust, laut zu stöhnen. Oder den Atem kräftig durch die fast geschlossenen Lippen auszustoßen. Probieren Sie es aus! Machen Sie es nicht allzu künstlich, sondern lassen Sie Ihren Körper sich durch den Atem ausdrücken, erleichtern, befreien, entladen, entspannen. Ob dies im Stehen, im Sitzen oder im Liegen geschieht oder Sie sich dazu bewegen, entscheiden Sie.

Wenn Sie den Eindruck haben, dass es genug ist, setzen Sie sich und spüren Sie Ihren Atem, so wie in der Atemmeditation geschildert.

Meine Spontan-Atem-und-Ton-Übung

Ausgehend von der Spontan-Atem-Übung können Sie einen Ausflug in die Welt der Konsonanten machen (k, w, b, r, g …).

Beginnen Sie, indem Sie Ihren Atem bewusst spüren.

Folgen Sie spontan auftauchenden Atembedürfnissen.

Fügen Sie dann Konsonanten hinzu: Stoßen Sie beispielsweise den Atem kräftig durch die Lippen aus mit einem explosiven »P« am Anfang und hängen ein »F« oder ein rollendes »R« dran: prrrrrrrrr. Oder Sie zischen mit einem scharfen »S«: sssssss … Oder Sie aktivieren den hinteren Teil des Gaumens mit einem »G«. Es klingt dann so ähnlich wie »gagagaga« oder »gongongong«.

Experimentieren Sie mit Konsonanten! Sie werden spüren, dass jeder Konsonant eine andere Zone in Kopf und Körper aktiviert und Energie freisetzt. Nehmen Sie nun

Vokale hinzu. Vielleicht erhalten Sie den Impuls, ein seufzendes »Ham« oder »Hum« von sich zu geben. Oder ein Summen mit einem Vokal, zum Beispiel »mmimmmimmmi« oder »summsummsumm«.

Dann folgt einen Ausflug in die Welt der Vokale (a, e, i, o, u). Fangen Sie mit »U« an, spüren Sie die tiefe Schwingung dieses dunklen Vokals in Bauch, Rumpf und Kehle, singen Sie dann ein lang gezogenes »O«, dann ein »A«, ein »E« und ein »I«. Spüren Sie die Wirkung, erforschen Sie sie, spielen Sie mit der Lage der Zunge. Hängen Sie dann die fünf Vokale aneinander. Bei einer bestimmten Zungen- und Lippenstellung entstehen an den Übergängen zwischen den Vokalen Obertöne, hören Sie sie? 🦋

Obertöne sind ein interessantes Phänomen. Jeder musikalische Ton besteht ja aus dem für uns hörbaren Teil und einer ganzen Reihe von normalerweise nicht hörbaren Obertönen (die aber mit einiger Übung hörbar gemacht werden können). Sich auf Obertöne zu konzentrieren statt auf den Hauptton, kann das Bewusstsein auf die Wahrnehmung höherer Ebenen einstimmen und eignet sich daher auch sehr gut als Vorbereitung für die Meditation.

Das stille Sitzen

Das stille Sitzen ist der Anfang und das Ende, die Vorbereitung und das Nachwirken jeder Besinnung, jeder Meditation, jeder Kontemplation und Konzentration, auch der Körperzentrierten Herzensarbeit – und für manche ist es *die* Übung überhaupt.

Sitzen Sie in einer entspannten, aufrechten und geordneten Haltung. Egal ob auf Stuhl, Hocker oder Kissen: Entscheidend ist, dass Sie sich aufrecht halten können, ohne sich anzustrengen.

Spüren Sie Ihren Körper. Spüren Sie die Schwerkraft der Erde, die auf Ihren Körper wirkt – das, was Sie als Körpergewicht wahrnehmen. Die Erdenschwere.

Entspannen Sie sich in diese Erdenschwere hinein. Lassen Sie die untersten fünf Zentimeter Ihrer Wirbelsäule leicht nach unten sinken (statt sie nach vorne durchgedrückt zu halten wie ein eifriger Musterschüler).

Stellen Sie sich dann vor, dass ein leichter Zug Sie ganz sanft nach oben zieht und aufrichtet. Unten zieht ein Gewicht nach unten.

Verlagern Sie Ihre Aufmerksamkeit auf den Bauch.

Nehmen Sie wahr, wie die Bauchdecke sich beim Einatmen hebt und beim Ausatmen senkt.

Einatmen, ausatmen.

Bleiben Sie dort mit Ihrer Aufmerksamkeit.

Lassen Sie die ganze Zeit über Ihre Aufmerksamkeit beim Atem, binden Sie sie so an den Atem, wie Sie einen Hund an einen Laternenpfahl anbinden würden. Er kann ein wenig herumspringen, aber er bleibt immer in der Nähe des Laternenpfahls. So machen Sie es mit Ihrer Aufmerksamkeit: Sie darf sich mal einem Gedanken zuwenden, aber der Atem wird immer wahrgenommen.

Spüren Sie Ihren Körper.

Nehmen Sie bewusst Ihre Sinneseindrücke wahr.

Wenn Sie merken, dass Sie in Gedanken sind, kehren Sie einfach zurück zum Atem, zu den Sinneseindrücken.

Seien Sie gegenwärtig.

Nehmen Sie Auszeit: Es gibt nichts zu tun, nichts zu durchdenken, zu analysieren, zu planen. Einfach da sein.

Wenn Sie merken, dass Sie nicht mehr da sind, zurückkommen.

Das ist alles. 🦋

Teil V

Auszeit ohne »Aus-Zeit«

Sie haben keine Zeit für eine Auszeit, sehnen sich aber danach, Pause zu machen, zu sich zu kommen, mal durchzuatmen, sich frische Inspiration und neue Energie zu holen?

Bevor Sie sich von Zeit- und Leistungsdruck oder den Anforderungen Ihrer Mitmenschen krank machen lassen und dann eine Zwangs-Auszeit im Krankenhaus einlegen müssen, ist es da nicht sinnvoller, sich trotz und während Ihres stressreichen Alltags gut um sich zu kümmern? In diesem Kapitel stelle ich Ihnen Möglichkeiten vor, wie Sie Pausen machen können, ohne eine Auszeit zu nehmen, sich zurückziehen, ohne dass Ihre Umwelt es bemerkt, wie Sie unauffällig Abstand gewinnen, zu sich kommen, in sich gehen können. Und vor allem, wie Sie sich ein wenig entspannen können.

Für die folgenden verschiedenen Formen von Auszeiten sind keine Vorbereitungen oder Hilfsmittel notwendig. Doch Sie sollten sich vorher mit dem wichtigsten Instrument vertraut machen: der Körperzentrierten Herzensarbeit (s. »Die Körperzentrierte Herzensarbeit – Mein Universalwerkzeug für den Besinnungs-Rückzug und das ganze Leben«).

Der unbemerkte Kurz-Rückzug
in einer Situation

Wenn wir unsere Bewusstheit nicht explizit eingeschaltet haben, funktionieren wir »auf Automatik«. Diese besteht in Re-
aktionsmustern, die wir uns als Kind zugelegt haben, die sich
im Gehirn als feste Verschaltungen manifestiert haben und in
einem Teil des Gehirns gespeichert sind, der nicht unserem
bewussten Zugriff unterliegt. Was auch sinnvoll ist, denn das
spart Zeit und Energie. Es ist ähnlich wie beim Autofahren,
wo man nach einer gewissen Zeit der Übung nicht mehr
überlegen muss, wie man bremst, Gas gibt oder schaltet.

Bei bestimmten Auslösern setzt sich ein automatisches
Verhaltensmuster in Gang. Etwas passiert – und ehe wir es
uns versehen, befinden wir uns mitten in unserer typischen
Reaktionsweise, obwohl wir das vielleicht gar nicht möchten. Das geht schneller, als wir denken können. Nun haben
wir ja die meisten Ereignisse, die uns herausfordern, weder
geplant noch vorhergesehen, sondern werden von ihnen
überrascht: Sie treffen beispielsweise jemanden auf der Straße, reden über das Wetter, und plötzlich stellt Ihr Gegenüber eine Frage, die Sie eigentlich gar nicht beantworten
möchten. Aber Sie sind nicht wach genug, um sich schnell
zu besinnen, und so übernimmt Ihr »Autopilot« die Sache.
Schon haben Sie etwas verraten, das Sie unbedingt für sich
behalten wollten.

Dabei gibt es eine wirkungsvolle Möglichkeit, diesen Au-
tomatismus zu unterbrechen. Sie muss Ihnen natürlich in
diesem Augenblick einfallen.

Hier ist die einfachste aller Möglichkeiten, eine automatische Reaktion zu verhindern oder zu unterbrechen: Sagen

Sie innerlich einfach »Stopp!«. Nichts weiter. »Stopp!« beinhaltet kein Urteil, keine Korrektur, keine Bewertung Ihres eigenen Verhaltens, kein »Achtung, du sollst dich anders verhalten«, sondern einfach nur: »Bevor du redest, handelst oder weitermachst, halte einen Moment inne.«

Das kann ganz unbemerkt ablaufen. Wenn in einem Gespräch gerade der oder die anderen reden, ist es leicht, sich für einen Moment in sich zurückzuziehen und im Stillen »Stopp!« zu sich zu sagen. Wenn Sie Zeit gewinnen wollen, bitten Sie Ihren Gesprächspartner, das zuletzt Gesagte zu wiederholen, weil Sie es nicht richtig verstanden/gehört/mitbekommen haben. Das gibt Ihnen einen Zeitpuffer, gerade lang genug, um zu sich zu kommen und zu entscheiden, ob Sie weitermachen wollen oder nicht oder was Sie wirklich tun oder sagen möchten. Sprechen Sie gerade selbst, unterbrechen Sie Ihren Redefluss, indem Sie husten, sich schnäuzen oder räuspern, »Entschuldigung« sagen oder »äh«, als wenn Sie überlegen müssten. Innerlich sagen Sie dabei zu sich: »Stopp!«

Sollte das Wort »Stopp!« bei Ihnen aufgrund entsprechender Erinnerungen wie eine autoritäre Zurechtweisung wirken und nicht wie eine einfache Aufforderung zum Innehalten, wählen Sie ein gleichbedeutendes anderes Wort: »Halt!«, »Unterbrechen!« oder »Moment mal!«.

Dieser kleine Unterbrechungsbefehl kann zur Folge haben, dass Sie sich Ihrer automatischen Reaktion bewusst werden und für einen kleinen Moment die Wahlmöglichkeiten erkennen. Das allein ist schon wertvoll, aber in den allermeisten Fällen reicht es nicht aus, um der Sache eine andere Wendung zu geben. Wenn Sie wirklich daran interessiert sind, anders zu handeln, als Ihr »Autopilot« es Ihnen vorschreibt, brauchen Sie ein weiteres Werkzeug: etwas, das Ihnen blitzschnell hilft, aus der Identifikation mit dem Gefühl zu erwachen, das Sie in Ihrem automatischen Muster festhält.

Bleiben wir bei dem Beispiel mit der unerwarteten Frage, mit der Sie überrumpelt werden. Gegen Ihren Willen beantworten Sie sie brav, obwohl Sie damit etwas Intimes verraten, das den Fragesteller überhaupt nichts angeht. Wenn Sie in diesem Augenblick wach und bewusst sind, antworten Sie nicht sofort (wie Ihre Automatik es möchte), sondern halten Sie kurz inne, um in sich zu gehen. So weit, so gut. Aber was dann? Sie fühlen sich hilflos, sitzen in der Klemme, wissen nicht, wie Sie vermeiden können zu antworten, ohne den anderen zu kränken. Im Stillen prüfen Sie vielleicht blitzschnell ein paar Antworten, aber keine erscheint brauchbar. Unser Gehirn arbeitet schnell, das alles geschieht innerhalb einer Sekunde, aber da Ihnen nichts Besseres einfällt und Sie unter der »Du musst auf Fragen antworten«-Hypnose stehen, geben Sie schließlich nach und antworten wahrheitsgemäß, so wie man es Ihnen in der Kindheit beigebracht hat. Den netten Onkel darf man nicht belügen, und man darf ihn auch nicht beleidigen mit »Das geht Sie nichts an« oder dergleichen.

Sie sagen zwar innerlich »Stopp!«, aber die automatische Reaktion läuft trotzdem ab. Sie stehen sozusagen hilflos daneben und sehen sich dabei zu. Das kennen Sie bestimmt.

Es gibt eine Lösung für dieses Problem. Bei einer unerwünschten automatischen Reaktion sind Sie mit einem bestimmten Gefühl identifiziert. Dieses erkennen Sie aber nicht als Gefühl, sondern halten es für eine Tatsache. Im gerade geschilderten Beispiel ist das die Hilflosigkeit. Doch es ist ein himmelweiter Unterschied, ob Sie Hilflosigkeit als

116

Tatsache annehmen, also denken, dass Sie hilflos *sind* – oder ob Sie wahrnehmen, dass Sie sich gerade hilflos *fühlen*, und diesem Gefühl bewusst Raum geben.

Wenn Sie mit Hilflosigkeit identifiziert sind und sie für eine Tatsache halten, sind Sie hilflos. Das heißt, es gibt in der betreffenden Situation kein anderes Ich als das hilflose, und Sie können nicht anders, als sich hilflos zu verhalten. Wenn Sie aber erkennen, dass Hilflosigkeit ein Gefühl ist, und dieses Gefühl bewusst wahrnehmen, sind Sie, so paradox es klingt, nicht mehr hilflos. Hilflosigkeit ist einfach ein Gefühl, und Sie nehmen es in Ihrem Herzen wahr. Aber es besetzt nicht mehr Ihren Kopf. Somit können Sie nun Möglichkeiten wahrnehmen, für die Sie als »Hilflose« blind waren.

Zurück zur Ausgangssituation. Sie sind also aufmerksam gewesen, haben »Stopp!« zu sich gesagt, das Gefühl von Hilflosigkeit wahrgenommen, vielleicht sogar (da Sie Übung in der Körperzentrierten Herzensarbeit haben) schnell Ihr Herz dafür aufgemacht, während Sie Ihr Gegenüber anlächeln. »Ach, wissen Sie«, sagen Sie, »darüber möchte ich nicht gern reden. Ist das nicht ein herrliches Wetter?« und wenden den Blick zum strahlend blauen Himmel.

So gibt es in jeder kniffligen Situation ein bestimmtes Gefühl, mit dem wir gerade identifiziert sind. Ein Gefühl, das ganz im Vordergrund steht, das wir nicht bemerken, weil wir es unbewusst für eine Tatsache halten, wie die Hilflosigkeit in unserem Beispiel.

Das Gefühl wahrnehmen

Achten Sie in einer solchen Situation auf das aktuelle Gefühl, und nehmen Sie es als Gefühl wahr. »Jetzt fühle ich mich überrumpelt/überfordert/unsicher.« Mit einiger Übung in der Herzensarbeit können Sie sogar schnell ein paar Herzensschlüssel durchgehen. Dann sind Sie sofort in einer anderen Verfassung, weniger dem anderen oder dem Ereignis ausgeliefert, mehr bei sich und nicht Ihrer Automatik unterworfen.

Und noch etwas müssen Sie wissen, um blitzschnell zur Besinnung zu kommen: Oft übernehmen wir das Gefühl unseres Gegenübers. Fragen Sie sich in einer solchen Situation daher immer auch: »Fühle *ich* mich so oder fühlt sich der *andere* so?« Bereits die Erkenntnis, zu wem das Gefühl gehört, wirkt befreiend.

In einer Situation wie in unserem Beispiel sind uns die tieferen Gefühle, die uns gerade besetzen und die Sicht vernebeln, nicht bewusst. Unser Körperzustand, würden wir auf ihn achten, würde sie uns verraten (daher »Körperzentrierte« Herzensarbeit). Doch es bedarf einer gewissen Übung und ungeteilter Aufmerksamkeit, um tief unbewusste Gefühle im aktuellen Körperzustand zu entdecken, und dafür ist in einer solchen Situation kein Raum.

Für die Blitz-Besinnung, die uns aus solchen Zwickmühlen retten kann, reicht jedoch ein oberflächliches Vorgehen aus. Fragen Sie sich einfach im Stillen: »Was macht diese Situation mit mir? Wie geht es mir gerade, wie fühle ich mich mit der Situation?« Und dann widmen Sie diesem Gefühl ein, zwei, drei Atemzüge lang Aufmerksamkeit. Fragen Sie sich außerdem: »Wem gehört dieses Gefühl?«

Wenn man erkennt, dass es das Gefühl des Gesprächspartners ist, ist das nicht nur aufschlussreich, sondern öffnet auch unser Herz für diese Person. Auf einmal hat man Verständnis oder empfindet Mitgefühl. Denn man fühlt ja, wie der andere sich fühlt. Doch vor allem befreit uns diese

Erkenntnis davon, uns selbst mit dem Gefühl des anderen zu identifizieren.

Aber auch der beste Trick nützt nichts, wenn er einem nicht einfällt. Situationen haben ja die dumme Angewohnheit, uns hinterrücks zu überfallen, und genau dann, wenn wir den Trick brauchen, denken wir nicht an ihn. Da hilft nur eins: trainieren. Es sich vornehmen. Sich daran erinnern. Immer wieder.

Wann immer es Ihnen einfällt, spüren Sie Ihren Atem und Ihren Körper, holen Sie Ihre Aufmerksamkeit aus der Welt der Gedanken in die Realität. Wenn Sie merken, dass Ihre Aufmerksamkeit von etwas absorbiert wird – sei es ein Bildschirm, ein Gespräch oder Ihre eigenen Gedanken –, wecken Sie sich auf. Spüren Sie Ihren Atem, werden Sie sich der Sinneseindrücke bewusst. Es ist durchaus möglich, einen Film zu schauen, eine Botschaft zu lesen, ein Gespräch zu führen und zugleich bewusst und präsent zu sein. Es ist Übungssache.

Natürlich wird die Übung der ständigen Achtsamkeit nicht sofort und immer klappen, und Sie werden sich immer wieder dabei erwischen, in Gedanken zu sein. Hier ist die Lösung dieses Problems: Kein Problem daraus machen. Einfach üben.

Den Atem und den Körper zu spüren und die Sinneseindrücke wahrzunehmen, bedeutet, gegenwärtig zu sein. Gegenwart ist auch gleichbedeutend mit Geistesgegenwart. Und die brauchen Sie, wenn Sie in überraschenden Situationen daran denken wollen, die Stopp-Übung zu machen. Je öfter Sie üben, präsent zu sein, desto größer ist die Wahrscheinlichkeit, dass sie Ihnen auch in Situationen einfallen wird, in denen Sie Ihre Bewusstheit brauchen, um nicht wieder von Ihrer Automatik überrumpelt zu werden.

Nehmen Sie sich immer wieder vor: »In Situationen, die mich herausfordern, werde ich innerlich ›Stopp!‹ zu mir sagen.« Dieses »Stopp!« zieht sofort nach sich: Wie fühle ich mich gerade? Wem gehört dieses Gefühl?

Erinnern Sie sich an diesen Vorsatz auch bei jedem Szenenwechsel: wenn Sie aus dem Haus gehen, wenn Sie an Ihrem Arbeitsplatz ankommen etc.

Wie Sie sich eine Besinnungsminute verschaffen

Manchmal fühlt man sich einer Situation nicht gewachsen, man merkt, dass etwas schiefläuft, und wünscht sich ein wenig Zeit, um zu überlegen, was man tun soll, um die Sache in Ordnung zu bringen. Nur sieht man keine Möglichkeit, den Ablauf zu unterbrechen, ohne unhöflich zu sein, jemanden zu verärgern oder etwas Wichtiges zu verpassen. Nun: Jeder weiß, dass es unaufschiebbare Bedürfnisse gibt, und irgendwo gibt es immer ein »stilles Örtchen«, auf das man sich zurückziehen kann, ohne Verdacht zu erregen. Wenn Sie also die Runde verlassen und murmeln »Bin gleich zurück«, wird jeder ganz selbstverständlich annehmen, dass Sie eben diesen Ort aufsuchen, und nichts dabei finden. Sie ziehen sich also kurz aus der Situation zurück. So schaffen Sie Klarheit innerhalb weniger Minuten.

Andere nützliche Ausreden, um sich zu entfernen und ein wenig Zeit zum Innewerden zu gewinnen:

- Ich habe etwas vergessen …
- Muss eben jemanden anrufen …

- Möchte mir etwas zu trinken holen …
- Ich muss an die frische Luft …
- Man kann auch einfach die Wahrheit sagen: Ich muss mal eben in mich gehen.
- Oder einfach: Bin gleich zurück.
- Oder: Ich muss mal eben … (und bevor man den Satz vollenden kann, ist man schon verschwunden).

Eine Seminarteilnehmerin, Topmanagerin einer großen Firma, verriet mir, dass sie sich immer, wenn eine Situation bei einer Konferenz oder einem schwierigen Geschäftsgespräch unübersichtlich wird, aufs stille Örtchen zurückzieht und Herzensarbeit macht, bis sie innerlich Ordnung geschaffen hat und mit neuer Klarheit und Entschlossenheit in die Situation zurückkehren kann. Ihr Leben, erzählte sie, sei seither wesentlich leichter geworden.

Möglichkeiten zu einer schnellen Herzensarbeit
Ansatz 1: Das Gefühl an der Oberfläche entdecken
Denken Sie an die Situation. Vertiefen Sie sich in den Körperzustand, der sich dabei einstellt, und entdecken Sie das Gefühl, das sich darin ausdrückt. Fühlen Sie es bewusst, und fragen Sie sich, was es von Ihnen braucht (Herzensschlüssel anbieten). Prüfen Sie auch, ob Sie dieses Gefühl von jemand anderem (aus der Gesprächsrunde oder aus Ihrer Familie?) übernommen haben, und geben Sie es zurück.

Ansatz 2: Das tiefere Gefühl versorgen
Wenn Sie noch ein wenig Zeit haben, entdecken und versorgen Sie auch noch das tiefere Gefühl, das sich unter dem ersten Gefühl verbirgt.

Beispiel: Sie haben an der Oberfläche Ärger entdeckt. Nun fragen Sie sich: Was macht mich so ärgerlich, was ist so schlimm für mich, dass ich mich ärgere, wie fühle ich mich wirklich? (ignoriert, übergangen, nicht gehört, ohnmächtig, ungerecht behandelt …) Öffnen Sie Ihr Herz für dieses tiefere Gefühl.

Ansatz 3: Was wünsche ich mir eigentlich?
Wenn die Zeit knapp ist, reicht es manchmal aus, sich bewusst zu machen, was man sich in der betreffenden Situation wünscht. Wonach sehnen Sie sich, was wünschen Sie sich, wie sollte die Situation aussehen, wenn es nach Ihnen ginge? (Unabhängig von der Frage, ob das realistisch ist! Es geht nur darum, Ihre Gefühle zu entdecken.) Formulieren Sie Ihren Wunsch innerlich klar und deutlich. Öffnen Sie Ihr Herz für diesen Wunsch. Das reicht manchmal bereits aus, um mit größerer Klarheit in die Situation zu gehen.

Sich mitten im Berufsalltag vom Stress befreien

Die meisten Menschen empfinden ihre Arbeit als stressig. Kein Wunder: Leistungs- und Zeitdruck werden in der Arbeitswelt immer größer. Was aber noch nicht genügend Beachtung findet, ist der Stressfaktor Elektrosmog. Den ganzen Tag in künstlichen elektromagnetischen Feldern zu arbeiten, ist für Ihre Nerven so ähnlich, als müssten Sie ununterbrochen das Geräusch von Presslufthämmern ertragen, während Sie sich auf Ihre Arbeit konzentrieren sollten.

Es gibt ein Funkmessgerät, das die verschiedenen in der Luft vorhandenen Frequenzen von WLAN, mobiler Telefonie und Schnurlostelefonen hörbar macht. Wenn Sie wissen möchten, was Ihr Nervensystem ertragen muss, beschaffen Sie sich dieses Gerät, und hören Sie sich den unerträglichen Lärm an, den es an Ihrem Arbeitsplatz und in Ihrem Zuhause von sich gibt. Sie werden schockiert sein. Auf die wunderbaren Möglichkeiten der neuen Kommunikationstechnologien wird niemand verzichten wollen. Wir können nur bewusster mit der bestehenden Informationsübermittlungstechnik umgehen. Sie müssen zum Beispiel wissen – und weitersagen! –, dass für das Versenden einer E-Mail oder einer SMS genauso viel Strom verbraucht wird wie für eine Glühlampe von 25 Watt innerhalb von anderthalb bis zwei Stunden. In Frankreich laufen sieben Atomkraftwerke Tag und Nacht nur für den Strombedarf des Mobilfunks. Außerdem sollten Sie wissen, dass Sie jedes Mal, wenn Sie Ihr Smartphone, Handy, Tablet oder Ihren Computer im WLAN-Modus betreiben, Mikrowellen in die Luft schicken (Hitze!) und zur Erhöhung des allgemeinen Stresspegels beitragen. Wenn alle das wüssten, würden weniger Unwichtiges und Unfug verschickt werden.

Zu Ihrem persönlichen Wohlbefinden möchte ich Ihnen einige Tipps geben, die Ihnen helfen können, nicht durch Stress krank zu werden.

Entziehen Sie sich der Strahlung so oft es irgend möglich ist, erholen Sie sich in einem Park, bei einem Waldspaziergang oder an einem »magischen Platz«, an dem Sie zur Ruhe kommen. Das kann übrigens auch eine Kirche sein.

Während Sie im Strahlungsfeld der Sie umgebenden Apparate arbeiten, entstressen Sie Ihr Gehirn so oft wie möglich durch »Entswitchen« (s. »Entswitchen: Das Gehirn von Elektrostress befreien«). Sie erinnern sich: Augenbrauen über Kreuz massieren, Ohren über Kreuz massieren, Über-Kreuz-Bewegungen mit Armen und Beinen. Die ganz unauffällige Variante, beispielsweise während eines Arbeitsgesprächs: Bewegen Sie ganz leicht die rechte Hand und den linken Fuß gleichzeitig einige Male, dann die linke Hand zusammen mit dem rechten Fuß. Beschreiben Sie dann mit den Augen einen Kreis rechts herum im Uhrzeigersinn. Am besten schließen Sie dazu die Augen kurz. Denn wenn man sieht, dass Sie Ihre Augen verdrehen, könnte das falsch verstanden werden.

Nutzen Sie jeden Gang – an einen anderen Platz, auf die Toilette, in ein Nachbarbüro –, um sich zu entswitchen. Beim Gehen macht man natürlicherweise Über-Kreuz-Bewegungen, denn während das linke Bein sich nach vorn bewegt, schwingt der rechte Arm mit und umgekehrt. Sie können das diskret ein wenig übertreiben – so als hätten Sie gerade besonders viel Schwung – und die Über-Kreuz-Bewegung dabei ganz bewusst wahrnehmen.

Wenn Sie »unter Strom stehen« und nicht die Möglichkeit haben, im Park oder Garten barfuß zu laufen oder eine Dusche zu nehmen, können Sie sich im »stillen Örtchen« von überschüssiger Elektrizität entladen, indem Sie das Metall an der Wasserzuleitung des Toilettenspülkastens einige Minuten lang mit einer Hand umfassen. (Falls es Kupferteile gibt, fassen Sie diese an, denn Kupfer leitet am schnellsten.) Um es zu beschleunigen, können Sie einmal durchspülen. Die entladende Verbindung mit der Erde bleibt erhalten, auch wenn das Wasser nicht mehr läuft.

Auch Herzensarbeit im Schnellverfahren kann Sie in manchen Situationen blitzschnell entlasten. Selbst ganz oberflächlich betrachtet, ohne sich erst ausführlich in die Körperwahrnehmung zu vertiefen wie bei der Körperzentrierten Herzensarbeit, können Sie feststellen, welches Gefühl Sie gerade ganz stark besetzt – beispielsweise Druck, Ärger, Gereiztheit, Angst oder Stress. Wenn Sie dieses Gefühl ganz bewusst fühlen, während Sie Körper und Atem spüren, und sich klarmachen, dass es ein Gefühl ist und keine Tatsache, sind Sie schon ein wenig entlastet. Wenn Sie ihm noch den einen oder anderen Herzensschlüssel anbieten – wenn es schnell gehen soll, fallen Ihnen sicher gleich die richtigen ein –, geht es Ihnen schon viel besser. Nun können Sie sich noch fragen, ob Sie dieses Gefühl von jemand anderem übernommen haben und wem Sie es zurückgeben müssen. Die Antwort taucht intuitiv auf. Und schon fühlen Sie sich wesentlich leichter, sind mehr bei sich und klarer.

Manchmal bleibt man in einem Problem stecken, weil sich zwei Gefühle zu einem unerträglichen Knoten verbunden haben. Sobald man dies erkennt und sie voneinander löst, atmet man auf. Beispiel: Sie haben das dringende Bedürfnis nach Alleinsein, glauben aber, dass das gerade nicht geht, weil die Umstände oder die Bedürfnisse Ihrer Mitmenschen das nicht zulassen. Nach einigen Stunden haben Sie das Gefühl, gleich zu explodieren, und könnten schreien.

Wenn Sie Bewusstheit einschalten, werden Sie feststellen, dass es in Ihnen einen Konflikt zwischen zwei Parteien gibt: dem Wunsch nach Alleinsein und dem Gedanken, dass das jetzt nicht möglich ist. Trennen Sie diese beiden Teile voneinander, und öffnen Sie Ihr Herz nacheinander für jeden der beiden: für den Wunsch nach Alleinsein und für das Gefühl, das der Gedanke »das ist unmöglich« in Ihnen auslöst (zum

Beispiel Aussichtslosigkeit oder Ohnmacht). Nun ist der Knoten aufgelöst, die Energie kann wieder fließen, und oft stellt sich dann auch im Äußeren eine Lösung ein. Auf einmal lassen alle Sie in Ruhe, und Sie sind allein.

Ein weiterer wichtiger Punkt: Stress ist (auch) ein Gefühl, nicht (nur) eine Tatsache. Ebenso Müdigkeit oder Erschöpfung. Sie sind vielleicht zu erschöpft, um Ihre Arbeit zu tun, quälen sich aber trotzdem durch Ihr Pensum. Eine mühsame Sache. Sie schieben die Erschöpfung in den Hintergrund, weil Sie denken: »Wenn ich die jetzt zulasse, dann falle ich um. Dann kann ich nicht weiterarbeiten. Ich muss aber.«

Probieren Sie etwas anderes: Nehmen Sie die Erschöpfung bewusst wahr. Sie brauchen dafür die Arbeit nicht lange zu unterbrechen, es dauert nicht mal eine Minute, eigentlich nur ein paar Sekunden. Die Erschöpfung zulassen. Sie im Körper spüren. Sie ist ein Körperzustand, aber auch ein Gefühl. Fühlen Sie es bewusst, bieten Sie ihm die Herzensschlüssel an. Es wird wahrscheinlich Beachtung brauchen, will also nicht übergangen werden, braucht die Erlaubnis, da sein zu dürfen, und Erbarmen, das heißt, dass Sie sich darum kümmern. Auf jeden Fall muss es als Gefühl wahrgenommen werden, nicht als Tatsache. Das klingt paradox, denn es ist ja auch eine (körperliche) Tatsache. Aber bei der Herzensarbeit drehen Sie ja der Tatsache den Rücken zu und kümmern sich darum, was das Gefühl von Ihnen braucht. Sie werden sehen, dass sich Erleichterung einstellt, wenn Sie es als Gefühl wahrnehmen statt als Tatsache. Einmal als Gefühl erkannt, braucht es sicher auch Raum.

Während Sie sich nun wieder an Ihre Arbeit machen, geben Sie diesem Gefühl einmal ganz bewusst Raum! Es beherrscht Sie ja nicht mehr, sondern Sie nehmen es bewusst in Ihrem Herzen wahr. Ähnlich wie man ein kleines Kind am Körper tragen kann, während man arbeitet, können Sie die Erschöpfung bewusst in Ihrem Herzen anwesend sein lassen, während Sie weiterarbeiten. Sie werden sehen, dass Ihnen dies auf einmal viel leichter fällt. Das Gleiche gilt für Gefühle wie Müdigkeit, Stress, Druck, ausgelaugt, ausgebrannt oder gehetzt. Das sind Gefühle, deren Bezeichnung sowohl einen körperlich-energetischen Zustand (eine Tatsache) beschreiben als auch einen seelisch-emotionalen Zustand (ein Gefühl).

Erkennen Sie die Tatsache an, aber wenden Sie sich von ihr ab und kümmern Sie sich um das Gefühl. Am Ende verändert sich entweder die Tatsache selbst (Sie haben auf einmal wieder Energie) oder Ihre Einstellung dazu (Sie verhalten sich anders).

Mini-Auszeiten für immer und überall

Nicht immer ist es möglich, sich zurückzuziehen. Jedoch kann man sich mitten im Alltagsgeschehen und in fast jeder Situation mit Mini-Auszeiten um sich selbst kümmern. Entscheidend ist die Aufmerksamkeit, mit der man die Übungen macht, nicht die Zeit, die man sich dafür nimmt. In diesem Kapitel stelle ich Ihnen einige Beispiele vor. Probieren Sie sie aus, und wenn sie Ihnen gefallen, bleiben Sie dabei. Wenden Sie sie regelmäßig an. Oder lassen Sie sich von diesen Beispielen dazu inspirieren, eigene »Mini-Auszeiten« für Körper oder Seele zu erfinden.

Drei Atemzüge

Die Wahrnehmung des Atems bringt Sie zurück nach Hause, zu sich selbst. Daher sollten Sie sich angewöhnen, Ihren Atem zu spüren, in welcher Situation auch immer Sie sich befinden. Dann ist ein Teil Aufmerksamkeit immer bei Ihnen, Ihrem Körper, Ihrem Gefühl, Ihrem Selbst, und Sie sind Situationen und Menschen weniger ausgeliefert. Zusätzlich können Sie mit dem Atem noch bestimmte Vorstellungen verbinden. Eine Mini-Atemübung kann dabei helfen, blitzschnell zu sich zu kommen:

Erster Atemzug: tief einatmen, ausatmen: ausseufzen
Zweiter Atemzug: Einatmen bringt mich in meinen Körper, Ausatmen belebt meinen Körper.
Dritter Atemzug: Mit dem Einatmen ziehe ich mich zurück, mit dem Ausatmen betrachte ich die Situation mit Abstand.

Kurzformel zum Einprägen

* Aufatmen – ausseufzen
* Körper – beleben
* Zurückziehen – schauen

Auszeit für die Augen

Auch die Augen brauchen Auszeit. Denn sie werden ja weit mehr strapaziert als alle anderen Sinnesorgane. (Es sei denn, Sie haben einen Beruf, in dem andere Sinnesorgane mehr gebraucht werden, etwa wenn Sie als »Nase« für eine Parfümfirma arbeiten.)

Von Natur aus sind die Augen dafür eingerichtet, beweglich zu sein, mal in die Nähe, mal in die Ferne zu schauen, den Blick umherschweifen zu lassen und öfter in einer entspannten Einstellung auszuruhen. Viele unserer Tätigkeiten, wie das Lesen auf Papier oder am Bildschirm, erfordern eine unnatürliche Fixierung der Augen.

Ihren Augen Auszeit zu gönnen, sie vom Bildschirm zu lösen, den Blick wandern zu lassen, tut übrigens nicht nur Ihren »Sehwerkzeugen« gut, sondern auch Ihnen selbst. Es erweitert Ihren Blickwinkel auch im geistigen Sinne. Sie erwachen aus der Hypnose, in der Sie sich durch einseitige Konzentration auf etwas Bestimmtes befinden. Sie werden der Umgebung wieder gewahr, können sich selbst wieder spüren. Wenn Sie eine Brille tragen, setzen Sie sie öfter mal ab, das gibt den Augen Beweglichkeit zurück.

Drei kleine Auszeitprogramme für Ihre Augen

- Die Brille absetzen, falls Sie eine tragen. Mit den Wimpern klimpern. Die Augen rollen. Den Nacken lockern. Lassen Sie Ihren Blick umherwandern, betrachten Sie die Gegenstände im Raum, die Bilder, die Möbel, die Farben … Schauen Sie aus dem Fenster, in die Ferne. Die Augen schließen und ihnen Zuwendung geben. Sie spüren. Den Atem dabei spüren.
- Schließen Sie die Augen. Legen Sie die Handballen leicht auf Ihre Augen (Achtung! Nicht fest drücken! Nur ganz leicht auflegen). Das entspannt die Augen.

- Stützen Sie die Ellenbogen auf den Tisch, und legen Sie Ihre Hände vollständig über die Augen. Sie dürfen auch bei geöffneten Augen kein Licht mehr wahrnehmen. Dafür müssen Sie die Finger beider Hände miteinander verschränken. Stellen Sie sich nun sanft bewegte Szenen vor wie Wellen im Meer, wogende Grashalme, Blätter, die sich im Wind bewegen …[4] 🦋

Auszeit für den Rücken

Die beste Erholung für den Rücken ist natürlich das Liegen auf einer flachen, nicht zu harten Unterlage, etwa auf einer Gymnastikmatte oder Matratze. Das ist jedoch nicht in jeder Situation möglich. Was Sie aber immer und überall tun können: sich strecken! Selbst wenn Sie im Büro an Ihrem Schreibtisch sitzen, können Sie sich jederzeit einmal kräftig strecken und gleichzeitig mit leichten Bewegungen Nacken und Kiefer lockern.

Tun Sie Ihrem Rücken etwas Gutes, und wenden Sie sich ihm innerlich zu. Gehen Sie mit der Aufmerksamkeit in die verspannten Stellen. Erspüren Sie sie mit dem Atem, atmen Sie dort hinein. Verweilen Sie auf diese Weise mit Ihrer Aufmerksamkeit in Ihrem Rücken, berühren Sie ihn von innen mit Atem, Präsenz und Aufmerksamkeit.

---

4 Das sogenannte »Palmieren« entwickelte der berühmte US-amerikanische Augenarzt Dr. William Bates (1860–1931), der zu Beginn des 19. Jh. als Erster »Besser sehen ohne Brille« und eine ganze Reihe von Augenheilungsübungen erfand, die bis heute erfolgreich angewendet werden.

Auszeit für den ganzen Körper

Während Sie still sitzen, erlauben Sie sich für einige Momente, nichts zu tun. Seien Sie nur in Ihrem Körper sehr bewusst anwesend. Füllen Sie ihn aus mit Ihrer Anwesenheit und Ihrem Atem. Beachten und befolgen Sie auftauchende Atembedürfnisse, beispielsweise seufzen, tief durchatmen, den Atem kräftig durch die Nase ziehen, schnaufen oder gähnen.

Auszeit für die Seele

Sitzen Sie einen Moment still, schließen Sie die Augen. (Oder lassen Sie sie offen und schauen Sie auf nichts Bestimmtes.) Erinnern Sie sich, dass Sie geboren wurden und irgendwann sterben werden. Dass Sie nur für kurze Zeit hier sind. Dass dieser Moment, den Sie gerade erleben, einzigartig ist und nie wiederkehren wird. Ebenso wie dieses ganze Leben. »Das hier ist mein Leben, und ich habe kein anderes.« Sitzen Sie eine Weile einfach still, während Sie diese Gedanken nachwirken lassen. Bevor Sie wieder in Aktion gehen, lächeln Sie Ihrer Umgebung zu.

Das Bewusstsein erweitern

Nehmen Sie Ihre Umgebung bewusst wahr, Geräusche, visuelle Eindrücke, Gerüche …. Machen Sie sich klar, wo Sie sich befinden, Ihre nähere und weitere Umgebung. Spüren Sie Ihren Atem, während Sie den Kreis, den Ihr Bewusstsein umschließt, immer mehr erweitern. Werden Sie des Himmels bewusst, der Sonne, der Sterne, der Erde. Dehnen Sie auf diese Weise Ihr Bewusstsein in den Raum hinein aus, während Sie auf Ihrem Stuhl sitzen. Sie werden merken, dass diese Erweiterung Ihres Bewusstseins gleichzeitig eine

Wirkung auf Ihr Energiefeld hat. Aber Achtung: Lösen Sie sich nicht auf, verlieren Sie sich nicht in der Weite, sondern bleiben Sie zentriert in Ihrer Körpermitte beim Atem.

Sich um Ihr aktuelles Gefühl kümmern

Erinnern Sie sich immer wieder an die Kernfragen der Körperzentrierten Herzensarbeit: Spüre ich meinen Atem? Wie fühlt sich das (was immer gerade abläuft) jetzt gerade körperlich an? Wie fühle *ich* mich? Was braucht dieses Gefühl von mir? Oder wem muss ich es zurückgeben?

Den Geist ordnen

Wenn Sie unter Verwirrung, Zerstreutheit, Gedächtnisstörungen oder Denkblockaden leiden, erinnern Sie sich an die Übungen zum »Entswitchen« des Gehirns (s. »Entswitchen: Das Gehirn von Elektrostress befreien«): die Augenbrauen und Ohren über Kreuz massieren, Über-Kreuz-Bewegung mit Armen und Beinen.

Schon dadurch sollte Ihr Kopf wieder klarer und geordneter sein. Zusätzlich ordnend hilft eine Atemübung aus dem Yoga, bei der man abwechselnd durch das linke und rechte Nasenloch atmet.

Der Wechselatem

- Verschließen Sie das rechte Nasenloch mit einem Finger, und atmen Sie durch das linke ein.
- Verschließen Sie beide Nasenlöcher, und halten Sie für eine Sekunde den Atem an.

- Verschließen Sie das linke Nasenloch, und atmen Sie durch das rechte aus.
- Wiederholen Sie die Folge links einatmen, anhalten, rechts ausatmen noch zweimal.
- Dann umgekehrt: Verschließen Sie das linke Nasenloch, und atmen Sie durch das rechte ein.
- Verschließen Sie beide Nasenlöcher, und halten Sie für eine Sekunde den Atem an.
- Verschließen Sie das rechte Nasenloch, und atmen Sie durch das linke aus.
- Wiederholen Sie die Folge rechts einatmen, anhalten, links ausatmen weitere zweimal.
- Atmen Sie durch beide Nasenlöcher ein, verschließen Sie beide und halten Sie kurz den Atem an, atmen Sie durch beide Nasenlöcher aus.
- Sitzen Sie in Stille.
- Spüren Sie Ihren Körper. Spüren Sie die Struktur Ihres Körpers. Spüren Sie die Ordnung in dieser Struktur.
- Spüren Sie Ihre Verbindung zur Erde. Das Gewicht Ihres Körpers. Ihre Fußsohlen, Ihre Sitzfläche.
- Legen Sie die Hände vor der Brust oder vor dem Bauchnabel zusammen. 🦋

Kleine Erinnerungssätze

Manchmal sind wir so absorbiert von dem, was gerade in unserem Leben passiert, oder von unserer Routine und unserem Alltag, dass wir völlig vergessen, wer wir eigentlich sind und was wir in unserem Leben bezwecken. Wir haben den Abstand und den Überblick verloren. Hier können kleine Erinnerungssätze helfen, uns wieder aufzuwecken. Suchen Sie sich den Satz aus, der Sie anspricht oder erfinden

Sie einen neuen. Prägen Sie ihn sich gut ein, um ihn immer wieder auszusprechen oder zu denken.

Erinnerungssätze

»*Dies ist* mein *Leben. Ich habe kein anderes.*«

Der erste Satz bedeutet: »Dies ist mein eigenes und einzigartiges Abenteuer als verkörpertes Wesen auf diesem Planeten.«

Der zweite Satz bedeutet: »Ich bekomme keinen Ersatz für dieses Leben. Ich kann natürlich die ganze Zeit schimpfen und jammern, aber dann werde ich am Ende meines Lebens darüber jammern und schimpfen, die ganze Zeit mit Jammern und Schimpfen verplempert zu haben.«

»*Ich bin nicht (Ihr Name), sondern ich bin die, die erlebt, wie es ist, (Ihr Name) zu sein.*« (»Ich bin nicht John, sondern ich bin der, der erlebt, wie es ist, John zu sein.«)

Es gibt eine Sphäre in uns selbst, die immer und überall im Auszeit-Modus ist: Jener Teil von uns, der nicht mit dem Körper und der körperlichen Persönlichkeit identifiziert ist. Wenn wir unser Bewusstsein in diesen zentralen Teil verlagert haben, sind wir eher so etwas wie ein Beobachter oder Zeuge des Geschehens, statt verstrickt ins Geschehen zu sein. Der Satz »Ich bin nicht X, sondern die, die erlebt, wie es ist, X zu sein« kann Sie an diesen zentralen Teil erinnern.

Diese Sphäre können Sie entdecken, indem Sie sich auf »bewusstes Wahrnehmen« umstellen – anstatt identifiziert zu sein. Wie in der Körperzentrierten Herzensarbeit erlernt, sagen Sie statt »Ich ärgere mich«: »Ich nehme Ärger wahr«. Statt »Ach, wie schön wäre es, wenn ich die Zeit zurückdrehen könnte«: »Ich erlebe gerade Bedauern und eine Sehnsucht nach der Vergangenheit.«

»Atmen. Fühlen. Herz aufmachen.«
Ein kleiner Erinnerungssatz für alle, die die Körperzentrierte Herzensarbeit praktizieren.

Wie Sie Energie und Aufmerksamkeit zusammenhalten können

Unsere Energie bewegt sich mit unserer Aufmerksamkeit. Wenn Sie Ihre Energie konzentrieren möchten, um sie in etwas zu investieren, das Ihnen wichtig ist, müssen Sie auch Ihre Aufmerksamkeit aktiv darauf ausrichten, statt sie passiv irgendwohin ziehen zu lassen. Das fängt bereits morgens an. Leben Sie allein? Dann haben Sie es in dieser Hinsicht leicht: Sie können in Ruhe Ihre morgendlichen Rituale durchführen, ob Sie nun meditieren und Körperübungen durchführen oder sich einfach bei einer stillen Tasse Tee oder Kaffee auf den Tag vorbereiten. Vermeiden Sie dabei E-Mails, SMS, Internet, Zeitungen, Post. Genießen Sie Ihren Tagesanfang ganz für sich allein, um sich zu sammeln und damit Ihre Energie zu stärken und zu konzentrieren. Erst wenn Sie sich klargemacht haben, was Sie an diesem Tag tun möchten, widmen Sie sich Kommunikation und Neuigkeiten.

Ganz anders sieht es aus, wenn man mit anderen Menschen zusammenlebt. Noch bevor man richtig wach ist, werden die ersten Worte gewechselt, die ersten Fragen gestellt, kommen die ersten Herausforderungen. Manches verleiht uns Freude und Energie, manches raubt sie. Anstatt unsere Energie zu sammeln und zu stärken, lassen wir zu, dass sie in alle Richtungen zerstreut wird. Womöglich geht es den ganzen Tag so weiter. Es sei denn, Sie schaffen sich einen Puffer zwischen Privat- und Arbeitswelt, zum Beispiel auf dem Weg zu Ihrem Arbeitsplatz – eine kleine Auszeit, die Sie nutzen können, um sich wieder zu sammeln.

Auch als Mitglied einer lauten und lebendigen Familiengemeinschaft haben Sie die Möglichkeit, trotz fröhlichen oder muffigen Geplappers, Fragen, Forderungen und Herausforderungen bei sich und gesammelt zu bleiben. Hier ist der Trick: Halten Sie den Schwerpunkt Ihrer Aufmerksamkeit ganz einfach in Ihrem Körper. Trainieren Sie sich darauf. Bleiben Sie bei sich, spüren Sie Ihren Körper. Niemand muss das bemerken. Sie sprechen, antworten, agieren, reagieren – nur eben aus einer Position der Sammlung heraus. Wie bei allem, was man neu erlernen möchte, gehört erst eine Zeit geduldigen und ausdauernden Trainings dazu. Aber es lohnt sich. Sie werden mehr Energie für den Tag mobilisieren, sich besser konzentrieren können, weniger gestresst sein und sich weniger ablenken lassen von dem, was Ihnen wichtig ist. Allerdings müssen Sie möglicherweise auf Ihr Mitteilungsbedürfnis achten. Manchem fällt es leicht, in Gesellschaft seiner Lieben still bei sich zu bleiben. Doch die meisten Menschen sind es gewohnt, zu reden und jeden Gedanken, der ihnen gerade durch den Kopf geht, laut auszusprechen, um ihn mit den anderen zu teilen (die übrigens dadurch möglicherweise auch von dem abgelenkt werden, was sie selbst gern tun, sagen oder durchdenken möchten). Still und gesammelt zu frühstücken und sich beim Essen aufs Essen zu konzentrieren statt aufs Reden, fördert übrigens nicht nur die Konzentration, sondern auch die Verdauung. Sie können ja ab und zu in die Runde lächeln. Es muss auch durchaus kein peinliches Schweigen sein, es kann auch ein einträchtiges Schweigen sein, ein gemütliches, stilles Miteinander.

Unabhängig von der Frage, was Sie morgens brauchen, um fit und froh zu sein – Wechselduschen, Jogging, eine wohltuende Ölmassage oder fröhliche Kommunikation –, gestalten Sie auf diese Weise Ihren Tagesbeginn mit oder ohne Mitbewohner zu einem Rückzug, der Sie zu sich bringt und Ihre Energie sammelt, um sie nach Ihrem eigenen Willen fokussieren zu können – statt sie durch Anforderungen, Mitteilungen und Eindrücke von außen zerstreuen zu lassen.

»Bei sich sein« oder »außer sich sein« hängt eng zusammen mit »selbstbestimmt« oder »fremdbestimmt« leben. Nichts gegen Anregungen und Anforderungen von außen. Wir brauchen sie. Es ist aber ein Unterschied, ob ich die Richtung meiner Aufmerksamkeit, mein Denken, Fühlen und Verhalten von ihnen bestimmen lasse oder ob ich sie bewusst wahrnehme, bei mir bleibe und aus meiner Mitte heraus entscheide, was ich damit anfange. Letzteres führt dazu, dass ich mehr Einfluss auf mein Leben und meine Welt habe, während Ersteres dazu führt, mich beeinflussen, ziehen, schieben, ausnutzen und herumtreiben zu lassen.

Nutzen Sie Übergänge als Puffer: den Weg zur Arbeit, zur Toilette, von einem Arbeitsplatz oder einer Besprechung zur nächsten, die Kaffeepause und so fort. Machen Sie daraus kleine Auszeiten für sich selbst. Ausspannen, sich von allem lösen, zu sich kommen, für sich da sein, den Atem, die Luft, die Umgebung wahrnehmen und genießen … Und schon haben Sie ein wenig Distanz und möglicherweise sogar frische Inspiration gewonnen.

Alltägliche Tätigkeiten
als Auszeit nutzen

Es gibt sehr viele Gelegenheiten, um sich eine Auszeit zu genehmigen, ohne dafür »Aus-Zeit« zu nehmen, zum Beispiel Handarbeiten und handwerkliche Tätigkeiten. Putzen, Aufräumen, Basteln, Nähen, Waschen, Bettenmachen, Nägel feilen ... alle alltäglichen Arbeiten eignen sich wunderbar als Auszeit (außer vielleicht, wenn Ihr Beruf aus solchen Arbeiten besteht), wenn Sie sie zu nutzen wissen. Statt sie als lästig einzustufen und schnell-schnell hinter sich zu bringen, kann man auch »Zen in der Kunst des Putzens« üben. Mein Geist ordnet sich, wenn ich aufräume, reinigt sich, wenn ich putze, beruhigt sich, wenn ich nähe oder einer anderen Handarbeit nachgehe, die meine Konzentration erfordert. Ich vertiefe mich in die Arbeit, lasse mich nicht stören, erhole mich vom Denken, bin ganz da, jetzt, hier, bei dieser einfachen Tätigkeit, die meine ganze Aufmerksamkeit braucht.

Oder nehmen wir das Gehen. Nehmen Sie sich eine Auszeit auf Ihrem Weg von einem Ort zum anderen: Zeit, um sich gehen zu spüren, Ihren Atem zu fühlen, ganz bei und mit sich zu sein. Oder Zeit, um sich umzuschauen wie ein Tourist, der einen neuen Ort entdeckt. Selbst wenn Sie einen Weg schon hundertmal gegangen sind! So kann der Weg von A nach B Ihr kleiner Urlaub sein.

Die kostbarsten Gelegenheiten für eine tägliche kleine Auszeit sind Tagesbeginn und Tagesabschluss. Zu diesen Zeiten herrscht eine ganz besondere Energie. Was tun Sie morgens, bevor alles losgeht? Nehmen Sie sich eine Auszeit! Eine Viertel- oder halbe Stunde können Sie bestimmt erübrigen. Im Kapitel »Morgenmeditation« finden Sie meine Gestaltungsvorschläge dafür.

Was tun Sie abends, bevor Sie ins Bett gehen? Nach allen Aktivitäten und angenehmen Passivitäten (wie etwa fernsehen) und vor der Bettruhe? Oder nachdem Sie von der Arbeit heimgekommen sind? Nehmen Sie sich eine kleine Auszeit ganz für sich allein! Im Kapitel »Fünfzehn Minuten am Abend für Körper und Seele« finden Sie einige Anregungen dafür.

Und was ist mit der Mittagspause – wer sagt denn, dass Sie sie mit Reden zubringen müssen? Lassen Sie die anderen reden, bleiben Sie bei sich, erlauben Sie sich Ihren Rückzug, um ganz für sich selbst da zu sein! Genießen Sie Ihre Mahlzeit, essen Sie bewusst und langsam, verzichten Sie auf Unterhaltungen. Sie können ja sagen, dass Sie etwas Zeit für sich brauchen ober über etwas nachdenken.

Manche gehen nach draußen zum Rauchen, um ein wenig Auszeit zu haben. Rauchen schirmt ab, nebelt angenehm ein, gibt Gelegenheit zu einem kleinen Rückzug. Nicht, dass ich Ihnen Rauchen empfehle – im Gegenteil, ich selbst habe es schon lange aufgegeben. Aber wenn Sie schon rauchen, können Sie sich vielleicht bewusst machen, dass das Ihre Art ist, sich zurückzuziehen, und es dadurch mehr genießen! Und wer sagt, dass man eine Zigarette in der Hand haben muss, um mal eben draußen für sich zu sein?

Der innere Urlaub

Tief in unserem Innern existiert – latent, immer gegenwärtig, nur uns im Normalzustand nicht bewusst –, ein friedvoller, stiller Zustand. »Wenn du diese Stille gefunden hast«, sagte einst Yogananda[5], »kann dich nichts mehr erschüttern.«

Auch wenn Ihr Leben vielleicht nicht den geeigneten Rahmen bietet, um so viel, so lange und so tief zu meditieren, wie Sie es brauchen, um jene Stille zu finden, die Yogananda meinte, so ist es für Sie sicher interessant und hilfreich zu wissen (oder sich daran zu erinnern), dass diese Stille auch in Ihnen existiert. Jeder kann sie finden. Manchmal fallen wir spontan in sie hinein, beispielsweise durch eine tief entspannende Massage, durch besonders himmlischen Sex, ein Bad im warmen Meer, einen Spaziergang im tiefen Wald oder wenn wir uns in das Rauschen der Blätter im Wind versenken. Manchmal taucht dieser Zustand innerer Stille auch auf, nachdem wir emotional stark berührt waren, unser Herz sich geöffnet hat oder wir gebetet haben. Oder durch Meditation. Und übrigens ist die Stille immer da – zwischen den Gedanken und im Hintergrund der Gedanken.

Dieser Zustand innerer Stille ist sozusagen die innere Auszeit; ein innerer Raum, in dem wir, wenn wir in ihn eintreten, außerhalb der Zeit sind, einfach in Stille und Frieden mit einem Gefühl von Ewigkeit. Wenn Sie danach wieder in den Normalzustand zurückkehren, sind vielleicht nur 30 Sekunden oder zwei Minuten vergangen, obwohl Sie das

---

5   Paramahansa Yogananda (1893–1952), indischer Yoga-Meister, Philosoph und Schriftsteller, brachte die Yoga-Lehre in den Westen, schrieb das Buch »Autobiografie eines Yogi« (lesenswert!).

Gefühl haben, es habe »ewig« gedauert. Oder Sie stellen mit Erstaunen fest, dass Sie doch tatsächlich eine ganze Viertelstunde im Zustand innerer Stille zugebracht haben, und sind traurig, dass die Zeit schon vorbei ist. Was ich damit sagen will: Zeit ist in diesem Zustand subjektiv.

Magische Orte

Manche Orte helfen uns, in einen Zustand von Stille und Frieden zu gelangen, andere hindern uns daran. Seit unsere Welt sich mehr und mehr mit künstlichen elektromagnetischen Feldern auflädt, wird es immer schwerer, sich mit dieser tiefen Stille zu verbinden, und auch die »magischen Plätze« sind selten geworden. Es gibt sie noch, aber viele Menschen haben ein Gespür für die Qualität solcher Orte, und so werden sie heute auch von Menschen aufgesucht, die dort gern in Ruhe mit ihrem Handy oder Smartphone arbeiten, ohne zu wissen, dass sie durch die Strahlung ihrer Apparate genau diese friedliche Qualität zerstören. Elektrosensible Menschen können eine solche Störung an einem ansonsten friedlichen Ort spüren und zuordnen (und müssen zu ihrem Bedauern flüchten). Andere spüren sie auch, wissen aber nicht, woher das unruhige Gefühl kommt.

Manche Plätze in freier Natur haben noch die Qualität von Ruhe und Tiefe und sogar in Wohnorten kann man sie finden, manchmal auch in Parks, unter großen alten Bäumen, an einem Bach, einem Fluss. Diese besonderen Plätze erkennt man nicht daran, dass sie schön sind – manche sind unscheinbar oder regelrecht hässlich –, sondern daran, dass man das Gefühl hat: Hier könnte ich ewig sitzen. Einfach nur sitzen und schauen und lauschen und nichts tun. Auch eine Kirche oder Kapelle kann ein solcher Platz sein.

Wenn Sie so einen Ort kennen, haben Sie etwas sehr Wertvolles gefunden. Besuchen Sie ihn, wann immer es Ihnen möglich ist. Und hüten Sie ihn! Lassen Sie Ihr Handy ausgeschaltet, während Sie dort sitzen. Teilen Sie den Platz nur mit Menschen, die die Stille zu schätzen wissen, sonst behalten Sie das Wissen um diesen Platz lieber für sich, damit er nicht verdorben wird. Wenn Sie keinen solchen Ort kennen, nehmen Sie sich vor, ihn zu finden, und lassen sich zu ihm leiten.

Einen magischen Platz schaffen

Sie können sich Ihren magischen Platz der Stille auch selbst schaffen. Wählen Sie in Ihrer Wohnung ein Zimmer oder eine Ecke, die nur für Sie reserviert ist, und in der Sie gern sitzen. Richten Sie dort einen Altar ein. Das braucht kein auffallender Altar mit religiösen Symbolen sein, sondern einfach ein Ort der Kraft für Sie, den Sie mit Symbolen, die für Sie Bedeutung haben, ausstatten. Einfach eine Fläche auf einer Kommode, einem Regal, in einer Ecke, wo Sie einen besonderen Stein deponieren, eine Vogelfeder, eine Blume, ein Bild … Zeichen, die mit inneren Vorgängen, Erkenntnissen, Wünschen, Gebeten, Vorsätzen in Verbindung stehen oder die Sie erinnern. Eine Kerze ist immer gut: Das lebendige Licht der Kerze weckt die Erinnerung an das spirituelle Licht in unserem Innern.

Halten Sie sich an diesem Platz nur und ausschließlich auf, wenn Sie zu sich finden, sich zurückziehen, innerlich auftanken, meditieren, beten oder spirituelle Arbeit leisten möchten. Wenn Sie zum Beispiel Herzensarbeit machen, sich um Ihre Seele kümmern, Vorsätze oder Absichten formulieren oder visualisieren möchten. Niemals für alltägliche Tätigkeiten! Nach und nach wird dieser Ort ein Kraftplatz für Sie, und es wird Ihnen immer leichter fallen, an diesem Platz zur Ruhe zu kommen, sich zu sammeln, in die Stille einzutreten und Inspirationen aufzufangen.

Natürlich können Sie auch in Ihrem Garten oder irgendwo in der Natur einen solchen Platz für sich kreieren, wenn Ihre Wohnung dafür nicht geeignet ist oder Sie sich lieber im Freien aufhalten.

Wie Körperzentrierte Herzensarbeit helfen kann, die innere Stille zu finden

Um das zu finden, was ich »innere Auszeit« genannt habe, können Sie die Körperzentrierte Herzensarbeit nutzen, zum Beispiel zum Thema »Die innere Stille finden« (s. »Die Körperzentrierte Herzensarbeit – Mein Universalwerkzeug für den Besinnungs-Rückzug und das ganze Leben«).

Sie können sie von zwei Seiten aus angehen: vom positiven oder vom negativen Ende her. Je nachdem, was Ihrem momentanen emotionalen Zustand mehr entspricht. Ist in Ihnen eine Sehnsucht spürbar, die tiefe innere Stille zu finden, dann arbeiten Sie vom positiven Ende aus. Steht aber eher etwas im Vordergrund, das Sie daran hindert – beispielsweise Nervosität, Stress, Ungeduld –, dann gehen Sie es vom negativen Ende an.

1. Ansatz: Mit der Sehnsucht beginnen
(Vom positiven Ende her arbeiten)

Laden Sie Ihre Sehnsucht ein, sich zu zeigen, damit sie in Ihnen spürbar wird. Wo und wie drückt sie sich in Ihrem Körper aus? (Tipp: Meist ist Sehnsucht ein Ziehen im Herzen.) Spüren Sie diese Sehnsucht, fühlen Sie sie bewusst und öffnen Sie Ihr Herz, indem Sie die Herzensschlüssel durchprobieren. Vergessen Sie nicht den Extraschlüssel für Sehnsucht (»es für möglich halten«).

Achten Sie dann darauf, welches Bild sich einstellt, wenn Sie diese Sehnsucht wahrnehmen. Malen Sie sich aus, Sie hätten die ersehnte tiefe innere Stille gefunden. Versetzen Sie sich in diese Vorstellung hinein. Erleben Sie den Körperzustand, der dabei entsteht. Wie fühlen Sie sich darin? Geben Sie dem Gefühl einen Namen. Vielleicht heißt es »im Frieden«, »bei mir«, »entspannt« oder »vollkommen eins« … Geben Sie ihm den Namen, der es am genauesten beschreibt. Öffnen Sie Ihr Herz auch für dieses Gefühl. Wahrscheinlich braucht es Raum, will gefühlt werden und vor allem als Gefühl erkannt werden (statt als Tatsache gesehen).

Und so verankern Sie dieses Gefühl in Ihrem Bewusstsein: Prägen Sie sich nicht nur den Namen des Gefühls ein, sondern auch den dazugehörigen Körperzustand oder – je nachdem, was Ihnen leichter fällt – das Bild, über das Sie zu dem Gefühl gekommen sind. Also Gefühl + Körperzustand oder Gefühl + Bild.

Notieren Sie sich das. Benutzen Sie diese(n) Notizzettel, um sich daran zu erinnern, dieses Gefühl so oft wie möglich wieder hervorzuholen und zu fühlen.

2. Ansatz: Vom negativen Ende her arbeiten

Nehmen Sie als Ausgangssituation das, was Sie daran hindert, in den Zustand innerer Stille einzutauchen. Vielleicht gibt es eine Angst, dass es langweilig ist, dass Sie es nicht aushalten, dass Sie etwas verpassen … Oder eine Unruhe, Ungeduld, Nervosität oder Ihren alltäglichen Zustand, der vielleicht von Hektik, Nervosität, Überforderung oder Gereiztheit geprägt ist oder von einem deprimierten, entmutigten Gefühl.

Sie beginnen also mit dem, was Sie daran hindert, Stille und Frieden zu finden. Machen Sie das zum Ausgangspunkt Ihrer Körperzentrierten Herzensarbeit, und fühlen Sie sich durch die verschiedenen damit verbundenen Emotionen hindurch, öffnen Sie Ihr Herz für Ihre Gefühle, bis Sie ganz von selbst in einem verinnerlichten, stillen Zustand ankommen. Wie auch immer das schöne Gefühl heißt, das Sie darin entdecken: Geben Sie auch diesem Gefühl einen Platz in Ihrem Herzen, indem Sie die Schlüsselworte durchprobieren. Betrachten Sie es nicht als eine neue Tatsache! Sondern erkennen Sie, dass auch das, so wunderbar es auch sein mag, »nur« ein Gefühl ist. Denn nur als Gefühl gehört es Ihnen, und um es wiederzuerlangen, brauchen Sie sich nur daran zu erinnern, es wieder fühlen. Als Tatsache gehört es Ihnen nicht, ganz einfach, weil alle Tatsachen vergänglich sind. Es hat also keinen Zweck, am Ende der Herzensarbeit, wenn Sie bei dem ganz wunderbaren neuen Zustand angelangt sind, zu sagen: »Das ist jetzt meine neue Realität! Das soll so bleiben!«

Damit setzen Sie nur einen inneren Kampf in Gang, in dem Sie versuchen, den neuen Zustand festzuhalten und alle Gefühle zu verdrängen, die nicht in diese neue »Realität« passen. Nein, auch dieses neue Wunderbare ist ein Gefühl, es möchte Raum haben, da sein dürfen, gefühlt werden, als Gefühl erkannt werden (sonst kann es ja gar nicht ins Herz!), und meist braucht es auch »Pflege«: wieder und wieder fühlen, so wie man ein zartes junges Pflänzchen pflegt, indem man ihm Wasser und Zuwendung gibt.

Zuflucht nehmen bei sich selbst

Das Hauptprinzip des Rückzugs lautet »bei sich sein«. Um mit Ihrer Aufmerksamkeit zu sich zurückzukommen, brauchen Sie keine Extrazeit. Sie müssen sich nur daran erinnern: »Bei mir sein.« »Zu mir zurückkommen.« Sagen Sie sich öfter so etwas wie: »Ich selbst bin meine Zuflucht.« »Meine eigene Gegenwart ist mein Schutz.« »Ich bin bei mir zu Hause.« »Ich nehme Zuflucht bei mir selbst.«

Wählen Sie einen dieser Sätze – oder formulieren Sie selbst einen nach Ihrem Geschmack –, und prägen Sie ihn sich ein. Nutzen Sie ihn wie ein Mantra. Wieder und wieder. Auf diese Weise trainieren Sie, Ihre Aufmerksamkeit zu sammeln und sie wieder unter Ihre Herrschaft zu bringen (statt sie von der Außenwelt dirigieren zu lassen). Wo auch immer Sie sind und was auch immer Sie gerade tun, wecken Sie sich aus der Hypnose der Gedanken, Gespräche, Eindrücke oder Ereignisse auf und erinnern Sie sich, Ihren Atem zu spüren. Sammeln Sie Ihre Aufmerksamkeit ein, und spüren Sie Ihren Körper. Spüren Sie *sich* in Ihrem Körper: Wie fühlen Sie sich gerade?

Wenn Sie dann bei sich angekommen sind, können Sie sich wieder der Außenwelt oder der unterbrochenen Unterhaltung zuwenden. Aber ohne sich selbst im Stich zu lassen. Sie spüren Ihren Atem und Ihren Körper, bleiben gesammelt und achten auf sich, während die Dinge weiter ablaufen.

Sie werden merken, dass jeder auf diese Weise »bei sich« verbrachte Augenblick Erholung ist, eine kleine Auszeit. Sie können ihn nach Belieben ausdehnen, ohne sich aus dem Kontakt mit der Welt auszuklinken. Nach und nach wird es

Ihnen leichter fallen, in diesen Zustand der Sammlung zu gelangen. Sie werden erleben, dass Sie weniger unnötige Dinge tun oder sagen und dass alles, was Sie tun oder sagen, mehr Gewicht erhält. Sie werden weniger Energie vergeuden und wahrscheinlich an Anziehungskraft gewinnen. Denn durch die Sammlung Ihrer Aufmerksamkeit – die zugleich eine Sammlung Ihrer Energie ist – lädt Ihr Magnetismus sich auf.

Sich um den Körper kümmern

Wenn Ihr Körper verkrampft, strapaziert oder gestresst ist, wird es Ihnen schwerfallen zu meditieren und noch schwerer, in den Zustand der »inneren Auszeit« zu gelangen. In diesem Fall ist es auch unsinnig, sich still hinzusetzen und die innere Stille zu suchen. So wie Ihr Herz Ihr Eingangstor für diese tiefe innere Dimension ist, wenn emotionale Probleme oder ungestillte Sehnsüchte Sie beschäftigen, so ist es Ihr Körper, wenn dieser unter Anspannung leidet.

Wenden Sie sich also Ihrem Körper zu. Stellen Sie fest, was er gerade braucht. Manchmal ist es eine unerkannte Emotion oder Gruppen von Emotionen, was sich im Körper durch Anspannung, Unbehagen oder Schmerz ausdrückt. In diesem Fall braucht er Körperzentrierte Herzensarbeit. Oft ist es jedoch viel einfacher. Sie haben sich zu wenig oder zu einseitig bewegt, unbequem gesessen, zu viel am Bildschirm gearbeitet … Ihr Körper braucht dann einfach Entlastung auf der körperlichen Ebene. Gibt es in Ihnen eine Sehnsucht, sich hinzulegen und zu entspannen, dann tun Sie genau das. Möchten Sie sich strecken, dann strecken Sie sich. Möchten Sie sich schütteln, springen, tanzen, boxen, treten, sich irgendwie austoben, dann tun Sie genau das.

Vor allem aber muss Ihr Körper geerdet werden. Ein Großteil der Spannung, unter der er leidet, ist ganz einfach elektrische Spannung, die Sie von all den elektrischen und elektronischen Geräten eingefangen haben, mit denen Sie sich umgeben. Alles abschalten! Vor allem alles, was schnurlos strahlt (wo also die Elektrizität durch die Luft geleitet wird statt durch ein Kabel). Und dann dafür sorgen, dass die überschüssige Elektrizität aus Ihrem Körper und in die Erde gelangt. Ausführlich habe ich das in Teil IV, »Universalwerkzeuge für ein effizientes Auszeit-Programm« unter »Den Körper entladen« erklärt.

Heutzutage stehen so gut wie alle Menschen unter Spannung und Körper, Geist und Seele können nur aufatmen, wenn man diese Spannung auf welche Weise auch immer in die Erde abfließen lassen kann.

Wer gut geerdet ist, befindet sich bereits in einem Zustand der Ruhe. In früheren Zeiten waren wir alle geerdet, das war ganz normal. Und der Mensch konnte noch stundenlang einfach dasitzen und nichts tun.

Prentice Mulford, der große spirituelle Meister des 19. Jahrhunderts, empfahl, das Wunder des eigenen Atems zu pflegen und zu genießen[6]: »Stillsitzen können voll lebendiger Ruhe und sich unaufhörlich freuen. Im großoffenen Herzen die Seele der Bäume, Ströme, Tiere und Blumen (…) aller reinen Formen des unendlichen Bewusstseins spüren.«

6   Aus: Unfug des Lebens und des Sterbens, S. 226

Musik

Musik kann manchmal dabei helfen, in die Dimension innerer Stille einzutreten. Manchmal – wie es Osho empfahl – brauchen wir erst dynamische Musik und kräftiges Tanzen und Schütteln, bevor wir überhaupt in der Lage sind, in den Zustand von Stille und Ruhe einzutreten. In anderen Momenten wiederum können wir durch das Anhören (oder Erzeugen) meditativer oder friedvoller Musik in einen Zustand innerer Ruhe und zu Frieden finden. Moderne Kompositionen von Eric Satie oder Arvo Pärt haben diese Wirkung. Oder Musik, die sich auf eine bestimmte Frequenz konzentriert, deren wohltuende Wirkung auf Körper und Gemüt bekannt ist. Sie finden unzählige Beispiele dafür im Internet (YouTube). Wenn Sie elektronische Musik nicht mögen, hören Sie sich Monochord-Musik an oder besorgen Sie sich Klangschalen oder CDs mit beruhigenden Naturgeräuschen.

Falls Sie gern singen: Mit der eigenen Stimme kann man Körper und Gemüt ganz wunderbar beeinflussen, die Stimmung modulieren, den Geist zur Ruhe bringen. Experimentieren Sie mit Tönen, Mantras und Obertönen.

Wiederholungen eignen sich ganz generell sehr gut, die Gedanken zur Ruhe kommen zu lassen. In allen religiösen Traditionen findet man die Praxis der Wiederholung von bestimmten Gebetsformeln oder Worten. Wenn Sie hundertmal (oder hundertachtmal, heilige Zahl bei den Hindus) ein heiliges Wort oder einen Satz wiederholen, wird sich in Ihrem Gehirn, Herz und Körper eine Umstimmung und Befriedung einstellen, unabhängig davon, ob Sie die Worte verstehen oder nicht.

Probieren Sie es aus! Wenn Sie einen spirituellen Guide oder Lehrer haben, lassen Sie sich ein Wiederholungswort oder einen Satz »verschreiben«; wenn nicht, wählen Sie etwas Geeignetes aus – wir leben ja in einer Zeit, in der alles öffentlich zugänglich ist und die lebendige Spiritualität sich nicht mehr auf den engen Rahmen einer Religion festlegen lässt. Weltweit bekannt und gut dafür geeignet ist beispielsweise das Gayatri-Mantra, die erste Strophe, die sinngemäß besagt: »Durch alle Lebenserfahrung hindurch ist es die Eine wahre Natur, die die Existenz erleuchtet, der verehrungswürdige Eine. Mögen alle Wesen erleuchtet sein.« »Om bhur buvah svah – tat savitur varenyam – bhargo devasya dhimahi – diyo yona prachodayat.«

Gebete

Wenn Sie nicht an Gebete gewöhnt sind, wird es Ihnen zunächst seltsam erscheinen, einen Gebetstext abzulesen oder auswendig zu sprechen, der nicht spontan aus Ihrem eigenen Herzen auftaucht, sondern von einem Meister oder Heiligen stammt. Doch manche Gebete sind in einer sehr hohen Einstimmung entstanden und haben die Fähigkeit, auch Sie sofort in eine höhere Stimmung zu versetzen, wenn Sie sie sprechen. Ein Gebet wird Ihr Herz öffnen, Sie an die Sinnhaftigkeit und Bedeutung des Lebens erinnern (auch wenn Ihr Kopf in diesem Moment nicht formulieren könnte, worin diese bestehen), Sie in eine höhere Denk- und Fühlweise versetzen, und nach dem »Amen« wird sich andächtige Stille in Ihnen ausbreiten. Nach der »Kommunikation«, der Mitteilung, erleben Sie nun die »Kommunion«, das Einssein, die Gegenwart.[7]

---

7   Besonders kann ich die zwei bekanntesten Gebete von Hazrat Inayat Khan empfehlen: »Saum« (für den Morgen) und »Khatum« (für den Abend).

Meditation

Die stille Meditation schließt sich an ein Gebet wie auch an eine gelungene Herzensarbeit ganz natürlich an.

Ganz von selbst wird man still, der Atem wird ruhiger und tiefer.

Ich rate dazu, jede stille Meditation durch eine Einstimmung einzuleiten: mit Tönen, Mantras, Gebeten, mit Herzensarbeit oder mit Körperübungen. Wenn der Körper befriedet und das Herz geöffnet ist, dann wird die stille Meditation eine ganz natürliche, lebendige, inspirierende Angelegenheit.

Teil VI

Kleine Auszeiten von einer halben Stunde bis zu einem halben Tag

Mein effizientes Komplett-Rezept für einen kurzen Rückzug

Sie brauchen dringend eine kleine Pause, Sie sehnen sich danach, mal zur Besinnung zu kommen, oder Sie möchten schnell etwas klären. Sie haben eine halbe oder eine Stunde, zwei Stunden, vielleicht einen halben Tag zur Verfügung. Sie möchten mehr, als sich einfach nur ein wenig entspannen, ablenken und zerstreuen. Sie möchten die kurze Auszeit optimal für Ihre Besinnung nutzen. Sie wünschen sich einen »geordneten Rückzug«. Es gibt ein Rezept, das in sehr konzentrierter, effizienter Weise Körper, Geist und Psyche entlastet und Ihnen innerhalb kürzester Zeit zu frischer Energie und neuen Perspektiven verhelfen kann.

- Sie entladen Ihren Körper,
- entstressen Ihr Gehirn,
- geben Ihrem Körper die Art von Bewegung, die er gerade braucht.
- Sie öffnen Ihr Herz für die Gefühle, die Sie gerade belasten.
- Sie gehen in die Stille.

153

Unabhängig davon, ob ich eine halbe Stunde oder einen halben Tag zur Verfügung habe (von der Länge der Zeitspanne hängt dann nur noch ab, wie ausführlich ich jeden Teil durchführe), würde ich immer auf die folgende Weise vorgehen:

- Den Körper entladen, um ihn von elektrischer Spannung und damit von Anspannung, Stress und Unwohlsein zu befreien.
- Entswitchen: Das Gehirn vom Elektrostress befreien.
- Den Körper entspannen und energetisieren: Meine Spontan-Bewegungs-und-Ton-Übung (aus dem Körperbedürfnis entstehend, Bewegung mit Laut verbinden).
- Einige Minuten Selbstzuwendung mit Herzensarbeit: Wie geht es mir, was brauche ich gerade, um welches Gefühl muss ich mich kümmern? Ausführlich mit Körperzentrierter Herzensarbeit oder bei Zeitmangel in Kurzform: Spüren, fühlen, Herz öffnen oder zurückgeben.
- Nun sind Sie körperlich entspannt, das Gehirn hat seine Ordnung wiedergefunden, die Psyche ist entlastet.
- Danach kommt das Wichtigste: das stille Sitzen. Spüren Sie Ihren Atem, Ihren Körper, nehmen Sie die Sinneseindrücke bewusst wahr. Geben Sie allem Raum, was in Ihrem Innern auftaucht, nehmen Sie es bewusst wahr. Lassen Sie sich aber von nichts aus der Gegenwart davontragen, und wenn dies doch geschehen ist, kommen Sie einfach zurück.

(Alle Anleitungen finden Sie in Teil IV, »Universalwerkzeuge für ein effizientes Auszeit-Programm«.)

Wenn Sie mehrere Stunden oder einen halben Tag Zeit haben, könnten Sie eine zweite Sitzung Körperzentrierte Herzensarbeit hinzufügen, um Ihr Thema bis auf den Grund zu durchleuchten oder ein zweites Thema anzuschauen. Sonst ergänzen Sie diese Struktur durch das, was Ihnen gerade guttut und in Ihren schweigenden Besinnungs-Rückzug passt: meditatives Spazierengehen, Entspannungsübungen im Liegen, eine längere Meditation …

Den Kontakt mit sich selbst wiederfinden

Wie auch immer Sie Ihre Kurz-Auszeit gestalten: Entscheidend ist, dass sie Sie zu sich selbst zurückbringt. Es gibt einen ganz bestimmten Zustand, ich habe ihn »Intimität mit sich selbst« genannt, der für Sie mit einem Fingerschnippen zu erreichen ist, wenn Sie ihn erst einmal gefunden haben. Und diese Intimität mit sich selbst ist es, die Ihre Auszeit, so kurz sie auch sein mag, immer zu einem Erfolgserlebnis macht.

Wie findet man diese Intimität mit sich selbst?

Sagen Sie sich öfter: »Dies ist mein Leben, mein ganz eigenes Abenteuer. Ich bin bei mir und für mich da.« Es ist, als ob es da ein geheimnisvolles tieferes Ich gäbe, mit dem das Oberflächen-Ich in Kontakt tritt, und das Resultat ist eine Art innere Liebesgeschichte. Nennen Sie dieses tiefere Ich »das Selbst«, »die Seele« oder »Gott« oder verzichten Sie auf die Benennung und probieren Sie es einfach mit diesem Satz.

Wenn Sie eine Kerze anzünden, zünden Sie sie sehr bewusst an. Machen Sie sich klar, was das Licht dieser Kerze für Sie bedeutet. Dass dieses Feuer, dieses Licht etwas Lebendiges ist, und dass es symbolisch für ein anderes Licht steht, das in Ihrem eigenen Herzen leuchtet.

Üben Sie die Körperzentrierte Herzensarbeit. Jedes Mal, wenn Sie für ein Gefühl Ihr Herz öffnen, sind Sie im Zustand der Intimität mit sich selbst.

Nutzen Sie die Auszeit vor allem, um bei sich zu sein, für sich da zu sein, auf Ihren Körper, Ihr Herz, Ihre Seele zu hören.

Kontakt mit der Natur

Die Natur hat die Fähigkeit, uns zu uns selbst zurückzubringen. Schließlich sind wir Teil von ihr, und sie ist Teil von uns. Kontakt mit Wesen und Elementen der Natur, vor allem mit alten Bäumen, kann ein Gefühl von Heimat in uns wecken, uns an unser eigentliches Selbst erinnern. Finden Sie einen großen alten Baum, bei dem Sie sich wohlfühlen. Setzen Sie sich zu ihm. Sie können seine Ausstrahlung spüren, vielleicht nicht unmittelbar, nicht deutlich, aber mit der Zeit werden Sie sie bemerken. Nicht außerhalb von sich selbst, sondern an der Art, wie Sie sich fühlen, wenn Sie sich bei diesem Baum aufhalten.

Sie können sich bewusst machen, dass der Baum nicht einfach nur ein Objekt Ihrer Wahrnehmung ist, sondern auch ein Lebewesen, das seine eigene Art der Wahrnehmung hat. Nicht nur Sie sehen und fühlen den Baum – er nimmt auch Sie wahr, auf seine eigene Weise.

Sie können ihm sogar von Ihren Problemen erzählen. Sie werden sich nachher erleichtert und getröstet fühlen. Manche

Sensitive behaupten sogar, dass Bäume es mögen, wenn sie an unseren Emotionen teilhaben können. Probieren Sie es aus. Nicht jeder Baum ist gleich, bei manchen werden Sie sich willkommen und aufgehoben fühlen, bei anderen nicht.

Aufenthalt in der Zauberwelt

Als Kind habe ich manchmal meinen Vater zur Arbeit begleitet und im Hof des großen Gebäudes, in dem er arbeitete, auf ihn gewartet. Ich erinnere mich nicht deutlich an den Ort, aber dafür umso deutlicher an das Gefühl. Es war eine Art Geborgenheit wie in einer Zauberwelt. Es gab keine Pflichten, keine Aufgaben, auch keine Kontakte mit Menschen, nur mich und ein paar Grashalme, ein paar Sträucher, eine Mauer. Es war eine Art Auszeit für mich.

Auch heute noch erlebe ich solche Momente. Es gibt Plätze, die überhaupt nichts Besonderes und vielleicht sogar hässlich sind, die aber dennoch eine heimelige Ausstrahlung haben. Plätze, die mich irgendwie berühren und in eine »Zauberwelt« versetzen, in Kontakt mit mir selbst und mit den Dingen um mich herum. Es ist wie eine Erinnerung an eine Welt, in der die Seele noch ganz lebendig ist. Es gibt sie in Wohnungen oder Gebäuden, in Städten und Dörfern, aber auch in Parks und auf dem Land.

Vielleicht gibt es innerhalb des Gebäudes, in dem Sie arbeiten, eine Ecke, zu der Sie sich hingezogen fühlen, die Sie in eine andere Welt versetzt. Das kann ein Fenster an einem Gang sein, an dem Sie aus irgendeinem Grund gern stehen, um hinauszuschauen. Auch draußen werden Sie Plätze entdecken können, an denen Sie sich gern aufhalten, an denen Sie den Zauber wiederfinden, der eigentlich alles beseelt, der aber im Alltag untergeht.

Finden Sie Ihre Zauberwelt-Plätze im Umfeld Ihrer Arbeit, zu Hause, in der Umgebung, in Ihrem Garten … Dort fühlen Sie sich wohl, kommen zu sich selbst zurück, erwachen zum Kontakt mit der Natur, erinnern sich, dass Ihr Leben Ihre eigene Abenteuergeschichte ist. Schalten Sie Ihr Handy aus. Und fühlen Sie den Zauber, am Leben und in dieser Welt zu sein.

Morgenmeditation

15 Minuten Auszeit am Morgen oder am Abend – oder sogar beides – kann bewirken, dass zwischen den vielfältigen Anforderungen des täglichen Lebens und all den Botschaften und Informationen, die Sie verarbeiten müssen, Ihre Seele auch mal wieder atmen kann.

Fünfzehn Minuten lohnen sich schon, wenn Sie wissen, wie Sie sie effizient nutzen können. Wenn Sie 20, 30 Minuten erübrigen können, desto besser!

Morgens, bevor der Alltag beginnt – die ersten Kontakte, Botschaften, Aufgaben –, kümmern Sie sich erst einmal um sich selbst. Das schafft Motivation für alles andere.

Motto: Erst eine kleine Auszeit für mich – dann kann ich mich um alles Weitere kümmern.

Noch ist der Tag ein unbeschriebenes Blatt. Bevor ich es fülle, genieße ich einige Momente Freiheit. Einfach da sein. Atmen. Mich leben spüren.

Jeder Morgen ist eine Gelegenheit zu einem neuen Anfang. Anstatt den Faden Ihrer Geschichte dort wieder aufzunehmen, wo Sie ihn gestern abgelegt haben, können Sie neue Inspiration, Motivation und frische Erkenntnisse aus

Ihrem Innern schöpfen. Profitieren Sie von der kurzen Zeit nach dem Aufstehen, in der Ihr Geist noch frei ist, noch nicht besetzt von den Erinnerungen an die Probleme von gestern, von der Planung für heute und den Sorgen für morgen!

Ihre morgendliche Besinnungszeit können Sie auf vielfältige Weise orchestrieren – je nach Stimmung oder Bedürfnis:

- die Sonne, das Licht, die Erde, das Leben und Ihren Körper ganz bewusst begrüßen, sich auf diese Weise aus der gewohnten Perspektive aufwecken und Energie und Lebensfreude tanken,
- Kontakt mit Herz und Seele aufnehmen,
- die Freiheit genießen, zu sein, zu atmen, zu leben, bevor Sorgen, Gedanken und Anforderungen Sie einholen,
- sich auf höhere Ebenen einstimmen und neue Perspektiven gewinnen,
- sich auf den vor Ihnen liegenden Tag vorbereiten.

(Zu jedem dieser Themen und vielen mehr finden Sie sehr anschauliche Inspirationen in meinem Buch »Meditationen für den Morgen – für den Abend«.)

Wählen Sie für die Gestaltung Ihrer Morgenmeditation diejenigen der folgenden Vorschläge aus, die Sie gerade inspirieren, und passen Sie sie Ihrem Zeitrahmen an. Oder nehmen Sie meine Vorschläge als Anregung, um ein eigenes Programm zu entwickeln.

Wichtig: Nehmen Sie sich nach jeder Meditation noch einen Moment Zeit, um Ihr Bewusstsein in die »normale

Einstellung« zurückzubringen und sich zu erden. Gehen Sie niemals übergangslos aus der Meditation zu einer Alltagstätigkeit über und auch nicht in ein Gespräch.

In einigen meiner Anleitungen ist der Körper in die Meditation einbezogen. Falls Sie das seltsam finden, empfehle ich Ihnen, die Bewegungen dennoch auszuprobieren. Sie werden sehen: Der Körper freut sich, wenn er einbezogen wird, und Ihr Gebet, Ihre Meditation oder Kontemplation wird umso realer. Falls das aber nicht Ihre Sache ist, überblättern Sie die ersten Absätze der ersten beiden Übungen einfach.

Den Tag begrüßen

Beginnen Sie im Stehen.

Strecken und dehnen Sie sich und gähnen Sie.

Breiten Sie die Arme aus, während Sie den neuen Tag begrüßen.

Heben Sie sie langsam über den Kopf, und begrüßen Sie die Sonne. Nehmen Sie bewusst ihr Licht wahr, in dem Sie gerade baden (auch wenn es Wolken gibt). Lassen Sie Ihre Augen und die Poren Ihrer Haut dieses Licht trinken.

Bewegen Sie die Arme leicht um Ihren Körper herum, während Sie die Luft begrüßen, die Sie am Leben erhält und die Sie mit allen Wesen teilen.

Bewegen Sie die Hände nach unten, und begrüßen Sie die Erde, aus deren Substanz Ihr Körper hervorgegangen ist und die Ihnen ein Zuhause gibt.

Breiten Sie die Arme aus, und begrüßen Sie die Vögel, die Bäume, die Tiere, die Pflanzen, die Menschen um Sie herum.

Legen Sie dann Ihre Hände an den Körper, und begrüßen Sie die Zellen und die mikroskopisch kleinen Lebewesen, aus denen Ihr Körper besteht.

Begrüßen Sie sich selbst als das Wesen, das diesen Körper bewohnt und beseelt.

Verneigen Sie sich.

Setzen Sie sich. Schließen Sie die Augen.

Spüren Sie Ihren Atem und Ihren Körper. Nehmen Sie ganz bewusst die Sinneseindrücke wahr. Die Geräusche aus der Nähe, aus der Ferne. Während Sie lauschen, werden Sie immer stiller.

Seien Sie einfach da, wach, aufmerksam, bewusst. Seien Sie ein offener Raum.

Sich mit Licht füllen

Licht atmen, Licht trinken, in Licht baden, Ihre Augen mit Licht füllen und spüren, wie sich in Körper und Geist alles belebt.

Beginnen Sie im Stehen.

Breiten Sie die Arme aus, und begrüßen Sie die Sonne.

Heben Sie die Arme, begrüßen Sie den Himmel und die unzähligen Sonnen, die in unserem Universum leuchten, bewegen Sie Ihren Körper einmal langsam im Kreis, während Sie sich bewusst machen, dass rund um Sie herum Myriaden von Sonnen (= Sternen) leuchten.

Bewegen Sie die Arme nach unten, zum Körper der Erde hin, und machen Sie sich bewusst, dass die Erde sich, unsere Sonne umkreisend, durch die Sternenwelt bewegt.

Heben Sie die Arme nochmals seitlich in die Höhe, als wären sie Flügel, stellen Sie sich vor, Ihr Körper sei aus Licht, und Sie schwingen sich auf Lichtflügeln auf in den Himmel. (Das ist natürlich nur eine Fantasie, aber sie kann eine echte Erinnerung an eine Dimension Ihres Wesens wecken.)

Setzen Sie sich. Schließen Sie die Augen.

Nehmen Sie das Licht wahr, das durch die geschlossenen Augenlider in Ihren Körper eindringt. Spüren Sie – oder stellen Sie sich vor –, wie nicht nur Ihre Augen, sondern Ihr ganzer Körper im Sonnenlicht badet.

Intensivieren Sie diese Vorstellung. Lassen Sie das Licht heller, dichter, leuchtender werden. (Ohne Anstrengung! Es sich einfach vorstellen. Ob es klappt oder nicht, ist nicht wichtig.)

Spüren Sie nun Ihren Atem. Stellen Sie sich vor, dass Sie nicht nur Luft, sondern auch Licht einatmen. Stellen Sie sich vor, wie das Licht, das Sie einatmen, sich im ganzen Körper ausbreitet. Stellen Sie sich vor, auch durch die Poren der Haut Licht einzuatmen. Füllen Sie Ihren Körper mit Licht.

Strahlen Sie dieses Licht aus, während Sie ausatmen.

Lösen Sie sich dann von diesen Vorstellungen, und werden Sie still und passiv. Lassen Sie die Übung nachwirken.

Denken Sie an das Licht, das die Sonne verbreitet, an das Licht der Sterne in unserer Galaxie, an das intensiv leuchtende Zentrum unserer Galaxie.

Denken Sie dann an das Strahlen in den Augen von Babys oder in den Augen von Menschen, die viel Licht in ihren Augen haben. Fühlen Sie das Strahlen in Ihren eigenen Augen. Lächeln Sie.

Werden Sie wieder der Sonne gewahr, lassen Sie das Strahlen Ihrer Augen auf das Strahlen der Sonne treffen. Begrüßen Sie die Sonne sozusagen von Stern zu Stern. Öffnen Sie die Augen.

Sie können die Übung hier abschließen oder sie fortsetzen wie im Kapitel »Das spirituelle Retreat« unter »Das Visualisieren von Licht« beschrieben.

Kontakt mit Herz und Seele aufnehmen

Wie geht es mir heute? Was brauche ich? Was wünsche ich mir? Was fürchte ich, was bekümmert mich? Ich wende mich mir selbst wie einem geliebten Wesen zu und kümmere mich um mich. Geborgen in der Liebe meines Herzens bin ich dann bereit für die Herausforderungen und Begegnungen des neuen Tages.

Nachdem Sie sich gesetzt und Ihre Kerze angezündet haben, schließen Sie die Augen, nehmen ein paar tiefe Atemzüge und sehen dann nach sich selbst, so wie Sie nach einem Freund, einem Kind oder einem Patienten sehen würden. Wie geht es mir heute? Was beschäftigt mich? Gibt es etwas, das angeschaut werden möchte?

Dies sind die »Instrumente«, die Sie nun nutzen können:

1. Körperzentrierte Herzensarbeit: Das ist die vollständigste Art, sich seinen Gefühlen zuzuwenden und Angelegenheiten zu klären. Manchmal werden Sie schon nach der

Entdeckung und Versorgung (oder Rückgabe) des ersten Gefühls spüren, dass es für den Moment genug ist; manchmal werden Sie den Drang verspüren, dem Thema ganz auf den Grund gehen zu müssen. Das ist natürlich auch eine Frage der Zeit, die Ihnen für diese Übung zur Verfügung steht.

2. Gebete: Bitten Sie Gott oder das Universum oder das Unendliche Bewusstsein um das, was Sie brauchen oder sich wünschen. Machen Sie sich bewusst, dass Sie selbst Teil und Ausdruck der Instanz sind, die Sie anrufen. Betteln Sie nicht kindlich, sondern stellen Sie sich während des Bittens das Gewünschte vor, als hätten Sie es bereits erhalten.

Wenn es die Sorge um einen anderen Menschen ist, die Sie beschäftigt, dann machen Sie erst Ihr Herz auf für Ihr eigenes Gefühl von Sorge oder Angst und beten Sie danach für ihn. (Wenn Sie so vorgehen, vermeiden Sie es, Ihre sorgenvollen Gedanken und Visionen auf den anderen zu projizieren, die ihn schwächen könnten.) Stellen Sie sich die Person so vor, als sei Ihre Fürbitte bereits in Erfüllung gegangen, sehen Sie sie beispielsweise gesund oder glücklich. Wenn Sie eine Fürbitte sprechen, dann können Sie Ihre Bitte spezifizieren – »Ich bitte für X um vollkommene Heilung« –, können aber auch auf das Spezifizieren verzichten, schließlich wissen Sie nicht, was für diese Person wirklich richtig und gut ist. Sagen Sie einfach: »Ich bitte für X«, während Sie Ihre Liebe und Ihr Wohlwollen in Ihrem Herzen spüren. Eine andere Möglichkeit, für einen Menschen zu beten, ist auch, ihn oder sie in Ihr Herz zu setzen und in die innere Stille zu gehen.

3. Kontemplation: Spüren Sie Ihren Atem und Ihren Körper. Machen Sie sich Ihr Anliegen oder Ihre Frage bewusst. Werden Sie sehr still. Bleiben Sie auf die Angelegenheit konzentriert, während Bilder und Gedanken auftauchen; identifizieren Sie sich nicht mit den Gedanken, Bildern oder Gefühlen, sondern schauen Sie einfach weiter, immer weiter, immer tiefer, bis Sie still werden und aus der Stille eine neue Erkenntnis, Inspiration oder ein neues Gefühl auftaucht. Irgendwo in Ihrem Innern gibt es einen Teil, der weiß, der mehr sieht als Sie, der die Antwort, die Lösung oder den Trost für Sie parat hält. Seien Sie offen und still. Die Antwort muss nicht sofort kommen, sie kann sich auch später in irgendeiner Form zeigen.

4. Meditation: Sie machen sich Ihre Sorge, Ihre Frage, Ihr Anliegen bewusst sowie den Wunsch, eine Lösung, Antwort, Klarheit oder Hilfe zu bekommen. Beten Sie darum oder stellen Sie sich darauf ein, dass das Richtige zur richtigen Zeit kommt. Lassen Sie dann die Angelegenheit hinter sich, so wie Sie ein Buch zuklappen würden, und kommen Sie in die Gegenwart. Spüren Sie Ihren Atem und Ihren Körper. Nehmen Sie die Sinneseindrücke wahr. Die Sache, um die es geht, kann getrost ein paar Minuten ohne Sie auskommen. Sie machen Auszeit.

Beenden Sie die Meditation langsam und bewusst, bevor Sie die Aktivitäten des Tages beginnen. Kommen Sie gedanklich nicht auf Ihr Thema zurück, sondern wenden Sie sich den konkret anstehenden Aufgaben zu.

Eine tiefe innere Instanz in Ihnen hat die Sache in die Hand genommen. Sie werden merken, wann es in der Angelegenheit etwas zu tun gibt und was das sein wird.

Schöpferische Imagination

Der Tagesbeginn gehört mir, meiner Freiheit, meinen Visionen. Ich kann erschaffen, was ich gerne erschaffen möchte, und mich an meinen eigenen Kreationen erfreuen.

Keine Zeit eignet sich so gut wie der frühe Morgen, um mithilfe der schöpferischen Imagination an der bewussten Gestaltung des Lebens zu arbeiten. Alles, was wir in unserem Leben realisieren, beginnt ja zuerst im Geist, wird gedacht, imaginiert, geträumt, bevor es Realität wird. Leider ist uns ein Großteil dieses Denkens, Träumens und Imaginierens, aus dem wir unsere persönliche Realität gestalten, gar nicht bewusst. Viele negative Überzeugungen und Gefühle, die wir nicht bemerken, die aber die unterschwellige Grundmelodie unseres Denkens bilden, gestalten fleißig mit an unserer Wirklichkeit, auch solche, die wir eigentlich gar nicht haben möchten.

So arbeiten wir ständig unbewusst an der Gestaltung unserer Realität. Ebenso gut können wir das ja auch bewusst und absichtlich tun! Allerdings kann man sein unbewusstes negatives Denken und Fühlen nicht schachmatt setzen, indem man sich einfach etwas Positives einredet oder vorstellt. Du kannst dir vorstellen oder einreden, du seist steinreich, bist du aber unterschwellig davon überzeugt, dass du arm bist oder dass du Reichtum nicht verdienst oder dir nicht erlauben darfst, wirst du nicht viel Erfolg haben. »Ich bin reich«, affirmierst du. »Stimmt gar nicht«, sagt dein Unterbewusstsein. »Schau dich doch um. Wir sind arm. Und überhaupt ist Reichtum nicht für unsereins.« Wer gewinnt? Wahrscheinlich der Teil, der fester, sicherer, ausdauernder in seiner Überzeugung ist, also im Allgemeinen das Unterbewusstsein. Zumal es ja Beweise für seine Überzeugung hat.

So geht es also nicht. Dennoch kann man seine schöpferische Imagination nutzen, um erwünschte Umstände herbeizuführen. Man muss nur sein Unterbewusstsein einbeziehen. Mit der positiven Vorstellung eins sein. Wie kann ich aber eins sein mit der Vorstellung, eine Jacht und eine schöne Villa zu besitzen, wenn ich unterschwellig glaube, dass das ungerecht und unmoralisch ist und ich damit die Grundprinzipien meiner Erziehung verrate? Oder dass ich das nicht verdiene, nicht wert bin oder sowieso nie erreiche?

Die Lösung ist einfach. Schalten Sie neutrale Bewusstheit ein, und werden Sie sich Ihrer Gedanken bewusst. Dann werden Sie nämlich feststellen, dass es da zwei Teile in Ihrem Innern gibt, die einander bekämpfen. Teil 1: Ich wünsche mir Reichtum. Teil 2: Völlig unmöglich. Oder: Reichtum ist unmoralisch, deshalb will ich keinen. Schließlich will ich nicht zu den Schlechten gehören. Lernen Sie beide Teile kennen. Was sagt der eine Teil, was der andere? Wie drückt sich das im Körper aus? Welches Gefühl sitzt darin? Was braucht dieses Gefühl von Ihnen? (Herzensschlüssel abfragen, s. »Die Körperzentrierte Herzensarbeit – Mein Universalwerkzeug für den Beziehungs-Rückzug und das ganze Leben«)

Wenn beide Teile in die Gefühle (und Gedanken) zerlegt sind, aus denen sie bestehen, und die Gefühle ihren Platz in Ihrem Herzen gefunden haben, gibt es keine zwei Teile und auch keinen Konflikt mehr. Nur noch verschiedene Gefühle, für die Sie Ihr Herz geöffnet haben und mit denen Sie nicht mehr identifiziert sind. Wenn Sie dann auch noch Ihrer Sehnsucht (in diesem Beispiel nach Reichtum) auf den Grund gehen und das positive Gefühl entdecken, dann erleben Sie sogar die Erfüllung Ihres Wunsches. Der Groschen fällt, wenn Sie nach den anderen Herzensschlüsseln, die dieses schöne Gefühl braucht, den letzten Schlüssel anwenden: »als Gefühl wahrnehmen statt als Tatsache«.

Dann merken Sie nämlich, dass es bei Ihrem Wunsch letztlich um dieses Gefühl ging. Die Jacht und die Villa waren nur ein Mittel, um dieses Gefühl zu bekommen. Aber nun haben Sie das Gefühl ja bereits. Sie haben es gerade eben entdeckt. Jetzt müssen Sie es nur noch fühlen und sich daran gewöhnen, es immer wieder, immer öfter zu fühlen.

Nach und nach verändert es Ihre innere Landschaft, und dann ist die Wahrscheinlichkeit, dass Ihr Wunsch auch auf der konkreten Ebene in Erfüllung geht, wesentlich größer geworden. Allerdings hat dies nun nicht mehr die übergroße Bedeutung für Sie, die es vorher hatte.

Nun ganz praktisch:

Sie setzen sich zur Morgenmeditation hin und möchten sie für die aktive Gestaltung Ihrer Lebensumstände nutzen und Ihre schöpferische Imagination dazu in Gang setzen.

Malen Sie sich die erwünschte Realität aus. Ganz deutlich und genussvoll. Das sollte ein Kinderspiel sein, vor allem morgens, wenn der Geist noch frisch und leer ist und die Gespenster der Vergangenheit noch schlafen.

Versetzen Sie sich in diese schöne Imagination hinein. Stellen Sie sich vor, es sei Wirklichkeit.

Spüren Sie nun in Ihren Körper hinein. Spüren Sie Ihre Haltung, Ihren Muskeltonus, achten Sie auf Ihr Gesicht: Erleben Sie Ihren Körperzustand bewusst. Achten Sie nun darauf, wie Sie sich darin fühlen.

Taucht hierbei ein negatives Gefühl auf, haben Sie es wahrscheinlich mit einem der erwähnten Widerstände zu tun (Trauer über den Gedanken, dass es unmöglich sei; Schuldgefühle; Angst vor dem, was passiert, wenn der Wunsch in Erfüllung geht ...). Erkennen Sie das Gefühl als Gefühl und den dazugehörigen Gedanken als Gedanken, und öffnen Sie Ihr Herz für das Gefühl.

Wenn Sie sich deutlich und ausgiebig die Erfüllung Ihres Wunsches vorstellen und dabei Ihren Körperzustand bewusst erleben und erforschen, werden Sie das schöne Gefühl entdecken, das die Erfüllung Ihres Wunsches Ihnen verschafft. Lernen Sie es kennen. Fühlen Sie es. Bieten Sie ihm die Herzensschlüssel an. Neben den Herzensschlüsseln »Erlaubnis«, »Rehabilitation«, »wahrgenommen werden«, »Raum«, »gefühlt werden« und vor allem »als Gefühl wahrgenommen werden« brauchen positive Gefühle meist »Pflege« (also oft und viel erinnert werden).

Nun haben Sie nichts weiter zu tun, als sich jeden Morgen, jeden Abend und auch zwischendurch so oft wie möglich an dieses schöne Gefühl zu erinnern. Nehmen Sie es bewusst in bestimmte Situationen mit. Beobachten Sie, wie Sie diese nun erleben und was weiter geschieht. Dabei warten noch viele wichtige Erkenntnisse auf Sie, die Ihre Art, das Leben und die Welt zu sehen, verändern und womöglich auch Ihre äußere Situation.

Beginnen Sie Ihren Tag ab jetzt damit, dass Sie sich an dieses schöne Gefühl erinnern und es fühlen.

Höhenflug

Am frühen Morgen fällt es mir leicht, mich auf den Flügeln meiner Sehnsucht zu den leichten, lichten Sphären aufzuschwingen.

Sehnen Sie sich manchmal danach, die Erdenschwere abzustreifen? Sich über Ihre Sorgen, Einschränkungen, über Ihre Alltagsgedanken zu erheben und Ihre Freiheit zu entdecken? Sehnen Sie sich nach einer Welt des Lichts, der Leichtigkeit, der Grenzenlosigkeit?

Dann erlauben Sie dieser Sehnsucht, sich zu zeigen, fühlbar zu werden, den ganzen Raum Ihrer Wahrnehmung einzunehmen.

Folgen Sie ihr. Wie ein Vogel erheben Sie sich im Geist in die Luft oder schweben wie ein Ballon, der Gewicht abwirft, empor. Höher und immer höher.

Dies ist natürlich nur eine Vorstellung, aber die Vorstellung löst manchmal eine echte Entdeckung oder Erinnerung aus. An eine Schicht unseres Wesens, die wir im Alltag vergessen hatten.

Erleben Sie, wie es ist, sich aus der Erdenschwere zu erheben, in Sphären, die lichter, leichter, weiter sind, und Ihre alltägliche Welt hinter sich zu lassen.

Verweilen Sie in der Höhe, lernen Sie das Gefühl kennen, das Sie dort haben, fühlen Sie es ganz bewusst, geben Sie ihm Raum und nehmen Sie es mit, wenn Sie sich langsam wieder abwärts bewegen. Nehmen Sie den Moment bewusst wahr, wenn die alltägliche Bewusstseinseinstellung Sie wieder eingefangen hat. Haben Sie das Gefühl noch, das Sie in der Höhe entdeckt haben? Nein? Dann erinnern Sie sich jetzt daran. Das reicht aus, um es wieder fühlbar zu machen. Nehmen sie es mit. Erinnern Sie sich immer wieder daran. Es ist die Art, wie ein Teil von Ihnen sich fühlt, der im Normalzustand ausgeblendet ist, aber dennoch immer existiert: ein Teil, der über allem schwebt, nicht identifiziert mit Körper und irdischer Begrenzung, glücklich und frei.

Beenden Sie die Meditation, indem Sie die Finger und Zehen bewegen und etwas schärfer durch die Nase atmen.

Öffnen Sie die Augen. ❧

Morgenmeditation-Kurzversion

Auch wenn ich eigentlich keine Zeit für eine Morgenmeditation habe, gönne ich mir dennoch einen winzig kleinen Moment Auszeit für mich selbst, die zugleich die beste Vorbereitung auf den Tag ist. Eine kleine Zuwendung für Körper, Herz und Seele:

Kurz dem Körper geben, was er braucht: dehnen, strecken, schütteln, Schultern und Nacken lockern, gähnen, Zunge rausstrecken.

Mich sammeln: hinsetzen, die Augen schließen, meine ganze Aufmerksamkeit im Körper sammeln, den Atem spüren.

Eine Weile bei mir und für mich da sein.

Ob ich mich in diesen kurzen Momenten um ein Gefühl kümmere, das da gerade ist, ein kurzes Gebet spreche, mich auf ein Mantra konzentriere, ganz bewusst im Morgenlicht bade oder mir einen Wunsch oder eine Absicht bewusst mache – was auch immer in den zwei, drei Minuten auftaucht –, ich nehme es wahr und kümmere mich darum.

So gesammelt, gestärkt und ganz bei mir kann ich den neuen Tag mit Zuversicht beginnen.

Ich fasse dies nicht in die Form einer Schritt-für-Schritt-Anleitung, sondern erkläre Ihnen nur das Prinzip, es liegt an Ihnen, es je nach Bedarf zu konkretisieren. Das, was ich oben geschildert habe, lässt sich in fünf Minuten absolvieren, wenn es sein muss, sogar in drei.

Sie glauben gar nicht, wie wertvoll diese Minuten sein können. Probieren Sie es aus!

Abendmeditation

Bevor Sie sich in die ausgefahrenen Gleise der üblichen Feierabend-Gewohnheiten begeben, achten Sie darauf, was Sie heute Abend wirklich brauchen. Welches Bedürfnis meldet sich spontan aus dem Körper heraus? Oder aus der Seele?

Was brauchen Sie, um sich zu entladen, zu reinigen, zu erneuern? Von einem erschöpfenden Arbeitstag in einen erschöpften Schlaf zu sinken, um dann wieder einen erschöpfenden Arbeitstag zu erleben – ist das ein Leben? Sich abends von Fernsehen oder Internet fernsteuern und bestrahlen zu lassen, egal ob es guttut oder nicht, um dann, den Kopf mit fremden Inhalten gefüllt, ins Bett zu gehen, ohne sich einen Moment sich selbst gewidmet zu haben – ist das gut genug für Sie?

Ist es nicht besser, den Feierabend zu beginnen, indem Sie sich selbst begrüßen: Wie war dein Tag, wie geht es dir, was brauchst du heute Abend, um dich zu regenerieren, zu erholen, zu inspirieren?

Genießen Sie Ihren Feierabend als eine echte Feier, gewidmet Ihnen selbst, Ihrem Wohlbefinden. Feiern Sie Ihren

Abend als Ihre ganz persönliche Auszeit. Auch wenn Sie zu zweit oder als Familie zusammenleben, können Sie sich einige Momente Auszeit gönnen, und seien es nur fünf Minuten.

Geben Sie sich eine Chance, erst Ihren Atem, Ihren Körper, Ihr Herz zu fühlen und sich auf sich selbst zu besinnen, bevor Sie sich Ihren Lieben widmen. Ihre Familie hat sicher mehr von Ihnen, wenn Sie sich wohlfühlen, als wenn Sie wie ein ausgelaugter Zombie herumlaufen.

Wie der Morgen ist auch der Abend eine gute Zeit für Meditation (während die Tagesenergie eher die Aktivität begünstigt). Wenn man nicht daran gewöhnt ist, abends zu meditieren, erscheint es erst seltsam: Nach einem stressigen Arbeitstag haben Sie vielleicht nicht die geringste Lust dazu, sich auch noch aufrecht hinzusetzen und zu meditieren – Sie wollen aufs Sofa sinken und faulenzen, in die Sauna gehen, Sport treiben, ausgehen oder für Ihre Familie da sein.

Nehmen Sie sich erst einmal eine Viertelstunde Auszeit. Auszeit von allem. Zum Durchatmen. Um zu sich selbst zu kommen. Sich zu besinnen. Einen Moment Freiheit zu genießen. Sich zu sammeln. Auf den nächsten Seiten finden Sie drei Vorschläge für eine Abendmeditation von 15 bis 30 Minuten sowie eine Ultra-Kurz-Version (drei bis fünf Minuten).

Abendmeditation-Kurzprogramm

Dieses Kurzprogramm können Sie nach einem anstrengenden Arbeitstag ganz sicher immer brauchen:

- Entladen
- Entswitchen

- Kurze Bewegungsübung
- Sitzen in Stille.

Befreien Sie Ihren Körper zuerst von überschüssiger Elektrizität durch Entladen. Befreien Sie dann Ihr Gehirn vom Elektrostress, indem Sie es mit Über-Kreuz-Bewegungen entswitchen (beide Anleitungen s. Teil IV, »Universalwerkzeuge für ein effizientes Auszeitprogramm«).

Geben Sie Ihrem Körper das an Bewegung, was er gerade braucht, in Verbindung mit einem spontan entstehenden Laut (s. »Meine Spontan-Bewegungs-und-Ton-Übung«). Falls Sie nicht allein sind, werden Sie sich wahrscheinlich nicht trauen, die Übung so durchzuführen, wie sie durchgeführt werden muss: ganz spontan, ohne Rücksicht darauf, wie das klingt oder aussieht. Spüren Sie in diesem Fall einfach in Ihren Körper hinein oder suchen Sie sich aus dem Kapitel »Mein vollständiger Bewegungs-Cocktail« die Bewegungen aus, die Ihrem Körper in diesem Moment guttun.

Setzen Sie sich, schließen Sie die Augen, spüren Sie Ihren Atem.

Atmen Sie einmal tief aus und seufzend aus.

Sammeln Sie sich.

Seien Sie einen Moment ganz für sich da.

Erholen Sie sich von allem Tun, allem Denken, aller Anspannung.

Spüren Sie Ihren Atem, Ihren Körper, nehmen Sie die Sinneseindrücke bewusst wahr.

Einen Moment einfach nur da sein.

Fünfzehn Minuten am Abend
für Körper und Seele

Fünf Minuten für den Körper

Beginnen Sie im Stehen.

Strecken Sie sich ausgiebig, gähnen Sie, strecken Sie die Zunge heraus.

Machen Sie kreisende Bewegungen, die Schultern, Ellenbogen, Handgelenke, Fingergelenke sowie Hüften, Knie und Fußgelenke mobilisieren. Das kann in einem Bewegungsablauf geschehen, wie eine Art Schlangentanz, oder nacheinander. Wackeln Sie mit den Zehen.

Bewegen Sie den Kopf sanft und locker nach rechts und links, vor und zurück, dann zur rechten und linken Schulter und auf die Brust sinken lassen.

Schütteln Sie Arme, Beine und schließlich den ganzen Körper ganz leicht durch.

Klopfen Sie Ihren Körper mit lockeren Fäusten oder der Handfläche von oben bis unten ab. Streifen Sie dann von Kopf bis Fuß die »Spinnweben des Alltags« ab.

Machen Sie beim Ausatmen einige kräftige, aggressive Bewegungen mit den Händen (in die Luft boxen, auf einen imaginären Tisch hauen) und Füßen (treten), mit viel Dynamik, aber dennoch achtsam und ohne Übertreibung, um Ihren Körper nicht zu schädigen.

Stehen Sie dann still, sammeln Sie sich, legen Sie die Hände auf dem Bauch übereinander.

Fünf Minuten für Geist und Psyche

Setzen Sie sich. Schauen Sie auf den Tag zurück. Mit welchem Gefühl lassen Sie diesen Tag hinter sich? Spüren Sie Ihren Atem, Ihren Körper, lernen Sie dieses Gefühl kennen. Öffnen Sie Ihr Herz dafür. Schauen Sie voraus auf den Feierabend: Was beabsichtigen Sie für heute Abend, was ist Ihnen wichtig, wonach sehnen Sie sich?

Fünf Minuten für die Seele

Sitzen Sie nun still. Sie haben sich um die Vergangenheit (den Tag) und die unmittelbare Zukunft (den Feierabend bzw. die Nacht, falls Sie am Ende des Abends meditieren) gekümmert, nun können Sie Vergangenheit und Zukunft vergessen und die Gegenwart genießen.

Spüren Sie Ihren Körper. Nehmen Sie Ihre Sinneseindrücke wahr. Mehr noch: Erleben Sie, wie es ist, durch diesen Körper anwesend zu sein, zu fühlen, zu spüren, zu hören, zu sehen, zu riechen und zu schmecken.

Genießen Sie das alles sehr bewusst. Spüren Sie auch eventuelle Schmerzen und Anspannungen mit dem gleichen wachen Bewusstsein.

Füllen Sie Ihren Körper mit Ihrer Bewusstheit, Ihrer Anwesenheit, Ihrem Atem.

Lauschen Sie den Geräuschen.

Werden Sie ganz still.

Geben Sie Raum. Seien Sie Raum.

Den Tag locker rekapitulieren

Damit der vergangene Tag in die Vergangenheit entschwinden kann, kann es hilfreich sein, ihn abends zu rekapitulieren, damit er Sie nachts nicht weiter beschäftigt.

Die Eindrücke des Tages wollen verarbeitet werden, manche Gefühle, die nicht beachtet wurden, gefühlt werden, manche Gedanken zu Ende gedacht, manche Situationen im Geist noch einmal erlebt werden. Sich am Abend hinsetzen und den Tag Revue passieren zu lassen, hier und da zu verweilen, ganz locker, ohne allzu viel Druck und Konzentration, befriedet Geist und Psyche und lässt den Tag wirklich abschließen. So muss er uns nicht bis in unsere Träume verfolgen, muss uns nicht nachts wach liegen lassen, und so wird die Nachtruhe wirklich eine Nachtruhe.

Bevor Sie Ihren Geist durch Fernseher, Internet, Lektüre oder abendliche Treffen mit neuen Inhalten füllen, nehmen Sie sich für eine Viertel- oder eine halbe Stunde Zeit.

Erinnern Sie sich, wie Sie heute aufgewacht sind, was Sie morgens getan haben. Durchstreifen Sie den Tag vom Morgen bis zum Abend, locker, ohne Anstrengung, ohne Erinnerungen zu suchen. Betrachten Sie einfach, was auftaucht. Bis Sie wieder im Jetzt angekommen sind. Verweilen Sie während Ihrer Rückschau dort, wo Sie merken, dass etwas Sie festhält. Welches Gefühl haben Sie nicht bewusst wahrgenommen? Spüren Sie es jetzt, während Sie die Szene betrachten. Es ist ja noch da, sonst würden Sie nicht an dieser Stelle hängen bleiben. Spüren Sie es körperlich, und öffnen Sie Ihr Herz dafür. Oder geben Sie es der Person zurück, von der Sie es übernommen haben. Oder das, was Sie festhält, war eine Intuition, die Sie nicht beachtet haben. Merken Sie sich das, korrigieren Sie es im Nachhinein, damit Sie es beim nächsten Mal besser machen. Lassen Sie den Film des Tages weiter ablaufen, hier und da verweilend, nachspürend, klärend, bis Sie in der Gegenwart angekommen sind. Gibt es, resultierend aus dieser Tagesrückschau, einen Wunsch, den Sie mitnehmen? Öffnen Sie Ihr Herz für ihn, notieren Sie ihn. Gibt es etwas auf der praktischen Ebene, an das Sie sich morgen erinnern wollen? Notieren Sie es.

Nun sind Sie frei für die Gegenwart.

Genießen Sie diese Freiheit noch für einige Momente, bevor Sie die Betrachtung abschließen.

Zu sich selbst heimkehren

Der Tag ist vorbei, alles ist für heute getan, für morgen bedacht. Jetzt können Sie sich den Luxus gönnen, einfach nur bei sich und für sich da zu sein.

Den Atem spüren. Den Körper spüren. Sich im Körper spüren.

Den Körper mit dem Atem ausfüllen, weiten, dehnen, entspannen. Sich leben spüren. Aufatmen. Ausseufzen.

Nach Hause kommen, in die Gegenwart, zu den Sinneseindrücken. Da gibt es Geräusche aus der Nähe, aus der Ferne; da gibt es etwas zu sehen, zu riechen, zu spüren, vielleicht zu schmecken. Da gibt es den Atem. Und vielleicht ein Lächeln.

Da gibt es vielleicht ein Gefühl, entstanden an diesem Tag, aus einem Ereignis, einer Begegnung. Ein Gefühl, das bewusst gefühlt werden und seinen Platz im Herzen bekommen will.

Da gibt es vielleicht eine Sehnsucht zu fühlen und zu versorgen.

Dann gibt es vielleicht ein Gefühl von Frieden. Zu Hause sein. Bei sich.

Abendfeier am Ende des Feierabends

Ihre abendliche Selbstzuwendungs-Auszeit können Sie sich auch am Ende des Feierabends nehmen, bevor Sie schlafen gehen. Vielleicht fühlen Sie sich nach dem Arbeitstag und dem Feierabendprogramm zu müde dazu, aber Sie werden sich wundern, wie gut es dennoch tut, noch einen Augenblick ganz für sich da zu sein. Es ist einfach. Die Augen schließen. Tief einatmen und ausseufzen. Still werden. Den Atem spüren. Den Körper spüren. Die Eindrücke und Gedanken vorbeiziehen lassen, kurz dort verweilen, wo Zuwendung gebraucht wird – mehr nicht. Offen sein für sich selbst, Ihre Bedürfnisse, die Stimme Ihres Herzens.

Im Kapitel »Spirituelle Retreats« finden Sie weitere Vorschläge für Meditationen. Ganz besonders das Meditationsthema »Am Fluss des Lebens sitzen« eignet sich für eine stille Abendmeditation.

Teil VII

Der ein- oder mehrtägige Besinnungs-Rückzug

Es warten wunderbare Überraschungen auf jeden, der es wagt, sich für eine Weile von allem und allen zurückzuziehen, nicht nur für einige Momente oder eine Stunde, sondern für einen oder mehrere Tage! Vielleicht denken Sie, das sei nicht auszuhalten – niemanden treffen, keine Gespräche, keine Nachrichten empfangen oder senden, alles abschalten, keinerlei Kontakt mit der Welt. Es tauchen Gefühle auf wie Angst, Panik, sich abgeschnitten fühlen, einsam sein.

Aber wenn Sie die Körperzentrierte Herzensarbeit kennen, dann wissen Sie, dass dies Gefühle sind und keine Tatsachen, und Sie können sich trauen, sie zuzulassen und Ihr Herz für sie zu öffnen. Anstatt sie zu verdrängen, indem Sie sich gut zureden – »Ach komm, es wird schon nicht so schlimm sein« – oder sich von ihnen beherrschen zu lassen und auf den Rückzug zu verzichten, nehmen Sie sie in Ihrem Herzen mit ins Retreat, achten sie, haben Verständnis und Mitgefühl und vor allem: Sie wissen, dass es Gefühle sind und keine Tatsachen. Möglicherweise entdecken Sie unter diesen Gefühlen auch eine Sehnsucht nach Verbundenheit und unter dieser sogar das Gefühl von Verbundenheit! Mit diesem schönen Gefühl im Herzen können Sie es wagen, sich auf das Alleinsein einzulassen.

181

Und nun können Sie auf einmal eine sehr angenehme Loslösung erleben. Statt des gefürchteten Leidens entpuppt sich Alleinsein als ein befreiendes Gefühl und seltsamerweise als eines, das Sie in einen Zustand von Intimität versetzt. Intimität mit sich selbst, mit Ihrer Seele, Ihrem Herzen und allem, was Sie umgibt. Letztendlich auch mit Ihren Lieben, da Sie im meditativen Zustand einen ganz anderen, inneren, tieferen Kontakt mit ihnen haben, den Sie im Alltagszustand gar nicht bemerken.

Ein Retreat ist der Anfang einer wunderbaren Reise, die Sie von Entdeckung zu Entdeckung, von Erkenntnis zu Erkenntnis führen kann, und mit jeder neuen Entdeckung und Erkenntnis geht eine neue, schöne, höhere Stimmung einher.

Wenn Sie am Ende Ihres Rückzugs den Abstieg in die alltägliche Perspektive bewusst und langsam vollziehen, werden Sie erleben, dass Sie mit neuer Motivation, neuem Lebensmut und frischer Energie in den Neustart gehen.

Das spirituelle Retreat

Ein spiritueller Rückzug (Retreat) dient dem Erwachen, der Erinnerung an unsere geistige Heimat, an unser wahres Wesen, an den Zweck unseres Lebens und damit auch der Erneuerung unserer Motivation und unseres Lebensmutes. Die Zeit vom Aufstehen bis zum Schlafengehen wird mit Meditation und spirituellen Übungen verbracht, wobei auch körperliche Übungen und erdende Tätigkeiten wie Spazieren gehen, Nahrung zubereiten und Essen nicht zu kurz kommen dürfen.

Spirituelle Rückzüge unternimmt man im Allgemeinen nicht allein und auf eigene Faust, sondern man lässt sich dabei begleiten. Ein begleitetes Einzel-Retreat findet in der Regel in einem geschützten und inspirierenden Rahmen statt, etwa in einem Meditationscamp, einem Kloster, einem Ashram.

Ein erfahrener Guide hat die richtige Intuition, um Ihr spirituelles Übungsprogramm in der für Sie besten Weise zusammenzustellen. Während des Retreats trifft man diesen qualifizierten Begleiter regelmäßig, um sich neue Übungsanleitungen geben zu lassen oder zu besprechen, wie das weitere Programm verläuft.

Aber natürlich ist es auch möglich, sich ganz allein für ein paar Tage zur Meditation zurückzuziehen. Dies wird übrigens auch immer populärer und hat sogar einen Namen bekommen: das »Home-Retreat«. Dafür sollten Sie diese Voraussetzungen mitbringen:

- Sie haben bereits (zumindest ein wenig) Erfahrung mit Meditation.
- Sie sind in der Lage, auftauchende Gefühle bewusst wahrzunehmen, statt sich von ihnen überschwemmen zu lassen (Kenntnis der Körperzentrierten Herzensarbeit).
- Sie sind in der Lage, eine wache und nüchterne Bewusstheit in sich zu wecken und zu bewahren. Das heißt: Was auch immer in Ihrem Geist auftaucht, während Sie sich auf die innere Reise machen, Sie bleiben Zeuge des Geschehens. Sie lassen sich von nichts aus der wachen Bewusstheit davontragen. Möglicherweise haben Sie wunderbare Visionen;

nehmen Sie diese ebenso bewusst wahr wie das Gefühl, das sie auslösen. Ob Sie Engelsmusik hören oder ob Ihnen Dämonen begegnen: Sie spüren Ihren Atem und nehmen alles mit neutraler Bewusstheit wahr.

Um sich diese Fähigkeit der nüchternen, neutralen, wachen Wahrnehmung anzueignen, empfehle ich Ihnen, sich erst Übung in der Körperzentrierten Herzensarbeit anzueignen (s. »Die Körperzentrierte Herzensarbeit – Mein Universalwerkzeug für den Besinnungs-Rückzug und das ganze Leben«). Außer der Herzensarbeit eignen sich Zen- oder Vipassana-Meditation gut für das Kultivieren dieser Bewusstheit.

Wenn man meditiert, eröffnet man Realitätsebenen, die im alltäglichen Bewusstseinszustand verdeckt sind. Nur eine nüchterne Bewusstheit, atemverbunden und gut geerdet, schützt Sie vor schädigenden oder irreführenden Einflüssen aus feinstofflichen Ebenen. Und auch davor, sich vorschnell mit bestimmten Erkenntnissen zu identifizieren, die in der Meditation auftauchen. Bleiben Sie stets Wahrnehmende/r und bereit, sich neuen Ebenen der Erkenntnis zu öffnen. Öffnen Sie Ihr Herz und lassen Sie sich berühren, statt nur zu denken und zu schauen, aber bleiben Sie bewusst, neutral und nüchtern.

Sie können sich aus der geistigen Welt einen Begleiter oder eine Begleiterin für Ihr Retreat wählen, etwa einen spirituellen Meister oder eine Meisterin oder eine/n Heilige/n. Bitten Sie ihn oder sie, Sie während Ihres Rückzugs zu inspirieren und Sie vor schädigenden Einflüssen und Irrtümern zu schützen. Ob Sie es nun glauben oder nicht, dass diese Menschen, die in früheren Zeiten gelebt haben, irgendwie immer noch existieren, sich ansprechen lassen und für Sie da sind – probieren Sie es einfach aus. Sie werden sehen: Bereits der wiederholte Gedanke an ein spirituelles Wesen wird eine inspirierende und schützende Wirkung auf Sie haben, unabhängig davon, ob es nun real bei Ihnen ist oder nicht. Sie kennen das sicher aus Ihrer Lebenserfahrung heraus: Wenn Sie an einen Menschen denken, der sehr liebevoll oder sehr wahrhaftig ist, wird der Gedanke an ihn auch aus Ihnen einen liebevolleren oder ehrlicheren Menschen machen. So ähnlich ist es auch mit den Meistern und Heiligen. Ihre Eigenschaften färben auf uns ab, wenn wir an sie denken oder über sie lesen.

Zur Einstimmung können Sie Musik abspielen, aber bitte ohne eine Internetverbindung zu nutzen – also zum Beispiel einen CD-Player oder Plattenspieler verwenden.

Bei der Einstimmung sitzen Sie still und mit geschlossenen Augen, während Sie der Musik lauschen. Lassen Sie sich von der Musik berühren. Achten Sie aber darauf, dass es die richtige ist; Sie soll Sie erheben oder in die Stille führen. Geht sie Ihnen auf die Nerven – selbst die wunderbarste Musik kann nerven, wenn man sie im falschen Moment oder in der falschen Verfassung hört –, schalten Sie sie aus.

Gut geeignet sind vor der Frühmeditation gregorianische Gesänge, tagsüber Musik von Bach, Händel, Albinoni, Pachelbel und abends Eric Satie, Arvo Pärt, oder – je nach Stimmung – Sufi-Gesänge wie etwa von Abida Parveen.

Was Sie über Ihr Gehirn und Ihre Fähigkeit zu Meditation und Konzentration wissen sollten

Unser Körper hat ein elektromagnetisches Feld, das ihn durchdringt und umgibt. Dieses Feld ist seit Urzeiten auf die Frequenz des Erdmagnetfeldes geeicht. Jede Zelle und jedes

Organ unseres Körpers erhalten von der Natur durch kaum wahrnehmbare Schwingungen lebenswichtige Informationen. Heute überlagern künstliche elektromagnetische Felder diese natürlichen Schwingungen, und dies hat störende Auswirkungen auf unser Gehirn, unser Nervensystem, unseren ganzen Körper. Manche der künstlichen Frequenzen ähneln körpereigenen natürlichen Frequenzen, und wenn das der Fall ist, geht der entsprechende Bereich unseres Körpers in Resonanz mit der künstlichen Welle, was zu Störungen führt.

Für unser Thema ist von Bedeutung, wie diese Felder auf Teile unseres Gehirns wirken und welche Folgen das für unsere Fähigkeit hat, uns zu sammeln, zu konzentrieren und präsent zu sein.

Unsere Gehirnströme verändern sich unter dem Einfluss von WLAN, wie seit Langem wissenschaftlich belegt und kürzlich in einer Fernsehsendung dokumentiert wurde.[8] Fazit des Berichterstatters[9] über diese Sendung: WLAN führt nach Aussage der Wissenschaftler zu Konzentrationsstörungen, Erschöpfung und Burn-out. WLAN ist zelltoxisch.

Prof. Dr. Karl Hecht, international renommierter Arzt und Forscher: »Durch das immer dichter und stärker werdende Netz der Funkwellensysteme wird die in der Evolution entstandene lebenswichtige Symbiose zwischen geomagne-

---

8 28.10.2017: RTL-Explosiv Weekend berichtet unter dem Titel: »Kopfschmerzen im Auto – woher kommt das?« über einen wissenschaftlichen Versuch, bei dem die Strahlenbelastungen auf das Gehirn im Auto gemessen wurden.

9 Quelle der (hier verkürzt dargestellten) Ausführungen des Berichts über die Sendung: https://de.sott.net/article/31647-Alarmierende-Forschungsergebnisse-WLAN-beeinflusst-Gehirnstrome-massiv

tischem Feld (Schumannsche Wellen) und Bioelektrizität des Gehirns gestört oder unterbunden. Infolge dessen Einbuße der Lebensqualität und Entstehung von Krankheiten. Der Umgang mit den digitalen Medien führt zur Sucht und zu Verhaltensstörungen, die letztendlich in der Demenz enden können. EMF-Funkwellenstrahlungen und Dauertelefonieren mit Handy führen zu Depressionen und in gegebenen Fällen zur Selbsttötung. Besonders stark wirksam auf die Gesundheit der Menschen, vor allem der Kinder, ist das WLAN-EMF-Funkwellensystem, welches widersinnig immer mehr das gesamte gesellschaftliche Leben durchsetzt.«[10]

Die künstlichen elektromagnetischen Felder bringen also Körper, Gehirn und Geist durcheinander, und in der Folge können Konzentrations-, Schlaf-, Gesundheits- und Verhaltensstörungen auftreten.

Ich weiß nicht, wie es Ihnen geht, aber ich selbst bin sogar in jenen nur leicht verstrahlten Gegenden, in denen ich mich aufzuhalten pflege, nicht mehr in der Lage, so konzentriert, tief und lange zu meditieren wie vor der Ausbreitung des Mobilfunks. Ähnlich ergeht es vielen Menschen, die ich seit Jahren kenne, auch wenn sie nicht explizit »elektrosensibel« sind.

Wir müssen also heute unsere Meditation mit Mitteln fördern, die wir früher nicht brauchten. Jeder muss selbst herausfinden, was für ihn funktioniert. Drei vorbereitende

10 Aus dem Forschungsbericht »Gesundheitsschädigende Effekte von Smartphone, Radar, 5 G und WLAN: Wissenschaftlich begründete Warnung eines Arztes vor den Todsünden der digitalisierten Menschheit« von Prof. em. Prof. Dr. med. habil. Karl Hecht, hrsg. von: Kompetenzinitiative zum Schutz von Mensch, Umwelt und Demokratie e. V., Berlin 2019

Schritte aber empfehle ich grundsätzlich, damit das Unterfangen »Meditation« und »Kontemplation« gelingen kann: Die bereits beschriebenen Techniken Entladen, Entswitchen sowie bestimmte von Anspannung befreiende Körperübungen. Sie sind diesen Übungen in Teil IV »Universalwerkzeuge für ein effizientes Auszeitprogramm« und an einigen anderen Stellen im Buch begegnet.

Wenn Sie sich dem Sog der Bildschirme von Zeit zu Zeit entziehen und sich wieder mit der Natur verbinden können, finden Sie die harmonische Schwingung wieder. Und mit ihr den sinnlichen Genuss der Körperlichkeit, Ruhe, Tiefe und Stille und das wirklich gefühlte (nicht nur das oberflächliche und im Netz geteilte) Entzücken an der Natur, das Ihr Herz berühren kann.

Was sind »höhere Ebenen«?

Im Retreat werden Sie höchstwahrscheinlich höhere Ebenen Ihrer selbst entdecken, was bedeutet: höhere Ebenen des Denkens und Fühlens sowie höhere Perspektiven.

Wenn man in einem Tal lebt, ist die Sicht auf die Welt durch die umgebenden Berge begrenzt. Man kennt vielleicht nur sein eigenes Dorf oder Städtchen und ein wenig die Umgebung, aber man hat keine Vorstellung davon, wie das ganze Tal, die Bergwelt und die Nachbartäler aussehen und in welchem geografischen Kontext das eigene Tal sich befindet. Von einem Berggipfel aus kann man dagegen das ganze Tal überblicken, und vielleicht sieht man sogar bis zum Meer. Vom Flugzeug aus hat man eine noch weitere Sicht, und von einer Raumstation aus kann man sogar die ganze Erde sehen. Andererseits sieht man im Tal die Details, die man aus der höheren Perspektive nicht erkennen kann.

Wobei man diese Details allerdings oft falsch einordnet oder interpretiert, weil man nur einen sehr kleinen Ausschnitt der Realität sieht und daher in einer sehr engen Perspektive gefangen ist, anders als oben auf dem Berg.

Jede Perspektive ist mit einer anderen Art von Emotion verbunden. Unten im Tal sind Sie vielleicht gefangen in Ihren Sorgen und Ängsten oder in Ihrem Ärger, Ihrer Frustration, Ihrer Ohnmacht, befinden sich in Ihrem »Sturm im Wasserglas«. Bei einer Bergwanderung ergreift Sie unterwegs ein Gefühl von Loslösung, von Freiheit und vielleicht eine starke Sehnsucht, den Gipfel zu erreichen. Oben auf dem Gipfel werden Sie von einem erhabenen Gefühl überwältigt.

Das Bild der Bergwanderung ist eine Metapher für den Aufstieg auf den inneren Gipfel Ihres eigenen Wesens, auf die höchste für Sie derzeit erreichbare Ebene des Seins. Auch in Ihnen gibt es einen Teil, der ganz eingenommen ist von Ihrer kleinen Welt und den Sorgen bzw. Plänen, die Sie damit verbinden. Aber es gibt auch einen Teil in Ihnen, der sich ganz entspannt zurücklehnt und zuschaut. Und es gibt einen Teil, der »darübersteht«, wie man so schön sagt, der in der Lage ist, die Dinge von oben zu betrachten und einen größeren Zusammenhang zu erkennen, möglicherweise sogar den Sinn.

Wenn ich sage »Teil«, so nehmen Sie das bitte nicht wörtlich; man kann stattdessen auch sagen: eine Ebene Ihres Wesens oder eine Einstellung des Bewusstseins. Die jeweiligen Ebenen sind Ihnen bewusst oder nicht bewusst. In der Meditation geben Sie sich selbst den Raum, die Zeit und die Möglichkeit, einige dieser Ebenen zu entdecken. Dies kann ganz von selbst geschehen, einfach durch das stille, aufmerksame Sitzen.

Aber man kann es auch absichtlich anregen: nämlich durch spirituelle Übungen, durch Mantras und Gebete und durch Musik, die den einzelnen Ebenen entspricht.

Die Meditation

Das Hauptinstrument im spirituellen Retreat ist die Meditation. Es gibt sehr viele Auffassungen darüber, was Meditation eigentlich ist. Allen ist gemeinsam, dass Meditation etwas mit bewusster Aufmerksamkeit und Präsenz zu tun hat.

Wenn ich mir beispielsweise während des Gehens bewusst bin, wie ich meine Füße aufsetze, wie das Gewicht sich verlagert und wie mein Atem dabei geht, dann nennt man das »meditatives Gehen«. Wenn ich still sitze, statt in Gedanken »gegenwärtig« bin und bewusst meine Sinneseindrücke wahrnehme, meinen Atem und meinen Körper spüre, dann nennt man das »Zen-Meditation« oder »einfaches Sitzen«. Wenn ich mich in eine Höhle oder eine Klosterzelle begebe, mich also von der Außenwelt abschotte, um Gott oder der Wahrheit hinter den äußeren Erscheinungen zu begegnen, nennt man das »Meditation«.

Reine Aufmerksamkeit, mit nichts vermischt, so schreibt die französische Philosophin Simone Weil, ist Gebet. »Aufmerksamkeit ist die einzige Fähigkeit der Seele, die Zugang zu Gott verleiht.«[11]

11 Simone Weil, »De l'attention«, zitiert aus der Zeitschrift »Valeurs Actuelles«, März/April 2019, S. 58 (von mir aus dem Französischen übersetzt)

Die Grundübung der Meditation

Das einfache Sitzen: Zazen. Die Anleitung ist ganz einfach: sitzen. Und bewusst wahrnehmen, was immer es wahrzunehmen gibt. Den Atem. Den Körper. Die Sinneseindrücke. Ein Zwicken im Arm. Ein Jucken am Kopf. Das Summen einer Fliege. Einen Gedanken. Ein Gefühl. Wenn Sie merken, dass Gedanken Sie aus der Gegenwart davongetragen haben, kehren Sie einfach zurück. Den Atem spüren. Den Körper spüren. Die Sinneseindrücke wahrnehmen.

Es gibt nichts zu tun. Das ist sehr ungewohnt. Einfach da sein – das Schwierigste der Welt für uns, die wir das nicht gewohnt sind. Wir wollen immer zumindest über etwas nachdenken, etwas analysieren, uns an etwas erinnern, etwas planen, wenn wir schon körperlich zur Untätigkeit gezwungen sind!

Wenn Sie sich angewöhnen, immer in derselben Haltung zu meditieren (aufrecht und entspannt, ganz gleich ob auf einem Stuhl oder einem Kissen), wird bereits das Einnehmen dieser Haltung Ihnen helfen, in einen meditativen Zustand zu gelangen. Das heißt, Ihre Aufmerksamkeit ist wach, der Gedankenlärm tritt zurück, Ihr Atem wird ruhiger.

Was geschieht, wenn der Geist zur Ruhe kommt und der Atem sich verlangsamt? Erkenntnisse und Inspirationen von Ebenen Ihres Wesens, die sonst verdeckt sind, tauchen auf. Es entsteht Raum für etwas Neues. Etwas, das von innen kommt. Unser Gehirn ist ja stets damit beschäftigt, die Eindrücke der Außenwelt zu verdauen. Wenn die Gedanken zur Seite treten, entsteht Raum für Stille. Die Stille ist wie ein Tempel. Wir betreten sozusagen auf Zehenspitzen eine innere Welt der heiligen Gegenwart.

Wie es weitergeht

Das hängt ganz davon ab, für welche Meditationspraxis Sie sich entscheiden: Ob Sie ein Zen-Adept sind und es beim einfachen Sitzen belassen; ob Sie die christliche Tradition lieben und beispielsweise das Herzensgebet pflegen; ob Sie Yoga und Vedanta bevorzugen und sich mit den systematischen Meditationsanleitungen der großen alten Yogis befassen, die zu Samadhi führen; ob Sie sich mehr in der Sufi-Tradition zu Hause fühlen, die auch den Körper in die spirituelle Praxis einbezieht und, ähnlich wie die christliche Mystik, die Verwirklichung des spirituellen Erwachens im ganz normalen Leben betont; ob die jüdische Mystik Sie interessiert.

In meinem Buch »Meditationen für den Morgen – für den Abend« gebe ich Inspirationen weiter, die ich aus der langen Praxis täglicher Meditation gewonnen habe. Sie können Ihnen vermitteln, wie wunderbar die Praxis regelmäßiger Meditation ist, und Anregungen für eigene Meditationen geben. Obwohl es keine Schritt-für-Schritt-Anleitungen sind, habe ich schon von vielen Leser*innen gehört, dass sie zu eigenen Meditationen inspiriert wurden. Sie werden sehen, dass Meditation alles andere ist als eine anstrengende und langweilige Praxis. Es ist wie ein Liebes-Rendezvous mit sich selbst.

Das Visualisieren von Licht

Licht ist ein interessantes Phänomen. Es steht irgendwie an der Schwelle, die materielle und geistige Realität trennt und verbindet. Unser Körper besteht auf einer sehr grundsätzlichen Ebene aus Licht (Photonen), ebenso unser Wesen, wobei Licht in diesem Fall gleichgesetzt werden kann mit Bewusstsein: Wenn mir etwas bewusst wird, kommt das, was vorher im Schatten lag, ans Licht, denn Aufmerksamkeit ist wie ein Scheinwerfer. Und es hat mit Intelligenz zu tun: Mir geht ein Licht auf, ich erkenne etwas.

Der japanische Forscher Dr. Hiroshi Motoyama hat in Versuchen mit fotoelektrischen Zellen einen interessanten Beweis dafür erbracht, wie eng Geist und Materie in Bezug auf Licht zusammenhängen. Wenn sich eine Versuchsperson stark auf das Erzeugen von innerem Licht konzentrierte, leuchtete die ganze Anlage auf.[12]

Die bewusste Konzentration auf Licht kann auch in uns selbst das Licht verstärken, wodurch gleichzeitig Energie und Bewusstheit in uns gesteigert werden. Sie wirkt belebend, reinigend und kann die Erinnerung an die Ebene des Lichts in uns wecken. Daher eignen sich Lichtübungen sehr gut als Einstieg in die Meditation.

In tiefer Meditation können wir uns erinnern, dass wir eigentlich Wesen aus Licht sind und in einer Lichtwelt leben. Das ist ein unglaublich befreiendes Erlebnis, ein »Aha« und zugleich eine Erinnerung an etwas Selbstverständliches. Ja, natürlich, das bin ich. Zurückgekehrt in den alltäglichen Bewusstseinszustand ist es vorbei mit der Selbstverständlichkeit. Zurück bleibt eine schöne Erinnerung. Und meist auch die Sehnsucht, es wieder zu erleben.

Die absichtliche Konzentration auf Licht kann diese Erinnerung fördern (und hat darüber hinaus eine belebende Wirkung auf Körper und Psyche). Übungen, in denen man

12 Pir Vilayat Khan hat dies wiederholt erwähnt. Er kannte Dr. Motoyama und hat selbst Versuchskaninchen gespielt. Er hat es übrigens geschafft, die Anlage zum Leuchten zu bringen.

mit der Vorstellung von Licht arbeitet, stimmen uns ein auf diese Ebene unseres Wesens. Das Licht der Sonne am frühen Morgen, idealerweise wenn die Sonne gerade aufgeht, ist der Entdeckung der eigenen Lichtnatur sehr förderlich. Und außerdem ist es wunderschön und erhebend, den Sonnenaufgang zu erleben.

Wenn Sie die Möglichkeit dazu haben, meditieren Sie bei Sonnenaufgang. Kurz bevor die Sonne aufgeht, gibt es eine vorbereitende Phase, in der man den Eindruck hat, dass alles den Atem anhält. Spüren Sie Ihren Atem, und erleben Sie diese Phase ganz bewusst. Den Aufgang der Sonne am Horizont erleben Sie nicht nur wie etwas, das Sie draußen sehen, sondern wie einen Vorgang in Ihrem Inneren. Es wird hell und immer heller, das Licht strahlt auf in Ihrem Herzen, breitet sich aus in Ihrem Körper, in Ihrem Kopf, um Sie herum.

Wenn Sie nicht die Möglichkeit haben, im Freien im Angesicht der aufgehenden Sonne zu meditieren, können Sie das ebenso zu Hause tun, ohne Blick auf den Sonnenaufgang. Wenn die Sonne am Horizont aufgeht, erleben wir es mit, ganz gleich, ob wir die Sonne sehen oder nicht. Oder Sie stellen es sich vor: den Moment vor dem Sonnenaufgang, wenn es noch dunkel und ganz still ist, die Erwartung der Dämmerung, und dann das aufstrahlende Licht, das sich ausbreitet.

Sie können sich zu Beginn der Meditation auch mit einer »Lichtdusche« erfrischen und reinigen. Stellen Sie sich vor, in einem starken Lichtstrahl zu sitzen. Lassen Sie dieses Licht immer heller, immer intensiver werden; stellen Sie sich nicht nur bildlich vor, sondern spüren Sie, wie dieses Licht durch den Scheitel in Ihren Kopf eindringt, Ihr Gehirn erleuchtet, durch Ihren Körper strömt, wie alle Zellen Ihres Körpers aufwachen und lebendig werden durch die Berührung des Lichts.

Eine andere Vorstellung, die die Erinnerung an die Lichtnatur Ihres Wesens fördern kann, ist die, als Lichtwesen in einer Welt von Licht zu leben. Stellen Sie sich vor, Ihr Körper und alle Wesen und Dinge bestünden aus Licht; alles leuchtet, glänzt und funkelt – durchscheinend, in weißem Licht oder in allen Regenbogenfarben, ähnlich wie in einer kristallenen Welt. Seien Sie kreativ und spielerisch in Ihren Licht-Vorstellungen! Erleben Sie sich fliegend, gleitend, tanzend in einer Welt aus Licht, selbst ein Körper aus Licht.

Die Vorstellung von Licht verstärkt das Licht in uns; ebenso wie die Vorstellung von Energie, die in eine bestimmte Richtung fließt, den Energiefluss in unserem Körper fördert.

Können Sie sehen, dass die Augen mancher Menschen viel Licht ausstrahlen? Können Sie erkennen, dass die Augen von Babys strahlen? Dann haben Sie die Fähigkeit, das für unsere Augen unsichtbare Licht wahrzunehmen, von dem hier die Rede ist.

Waschen Sie Ihre Augen mit diesem Licht, indem Sie sich nach Ihren Licht-Visualisations-Übungen ganz bewusst vorstellen, das eben erlebte Licht durch Ihre Augen strahlen zu lassen. Füllen Sie auch Ihr Herz damit, und stellen Sie sich vor, dass es Licht ausstrahlt.

Selbst wenn Sie gar keinen spirituellen Zweck damit verbinden, ist diese Übung in sich ein Quell von Freude und Erneuerung.

Das Wiederholen heiliger Wörter oder Sätze

Alle Religionen, alle spirituellen Traditionen haben ihre Mantras. Das sind Worte oder kurze Sätze, die viele Male wiederholt werden. Durch die Wiederholung verstärkt sich die Wirkung der Schwingung dieser Worte auf Körper und Geist, erschließen sich nach und nach immer neue Dimensionen der inhaltlichen Bedeutung, und der Inhalt prägt sich dem Unterbewusstsein ein. Durch die Wiederholung wird der Geist still, wird das Gemüt eingestimmt auf die Essenz der Aussage dieser Mantras, weshalb die Praxis der Wiederholung – in sich schon eine wertvolle Übung – auch ein sehr guter Einstieg in die stille Meditation ist.

Es gibt eine ganze Reihe weltweit bekannter Mantras: Christliche wie »Kyrie eleison, Christe eleison« (hilft, Schuldgefühl und Groll zu überwinden), »Ave Maria« (die Anrufung des Göttlich-Weiblichen), »Dona nobis pacem« (»Gib uns Frieden«), das tibetische Mantra »Om mani padme hum« (»Perle in der Lotosblüte des Herzens«), Hindu-Mantras wie »Om namah Shivaya« (mit dem man Gott als den Schöpfer anruft), den »Dhikr« der Sufis (»La illaha ill'llah hu«), mit dem man sich die göttliche Allgegenwart lebendig macht, oder »Ishq'Allah Mabud Allah« (»Gott ist die Liebe und Gott ist der/die Geliebte«), die »göttlichen Namen« der Sufi-Tradition, mit denen man Gott in einer bestimmten Eigenschaft anruft. Auch die jüdische Tradition kennt Mantras wie »Adonai ehod« (eine Formel, die Bestandteil verschiedener Anrufungen ist: »Gott ist eins«).

Worte, die seit Jahrhunderten – teils sogar Jahrtausenden – von vielen Menschen mit Konzentration und Andacht wiederholt werden, haben etwas ganz Besonderes. Es ist, als ob man sich in ein starkes Kraftfeld einklinkt, wenn man sie mit der gebotenen Achtung und Sammlung spricht.

Für die Planung Ihres Retreats stelle ich Ihnen zwei einfache Mantras vor, die Sie nutzen können, ganz gleich ob Sie Erfahrung mit Mantras haben oder nicht (s. »Ablaufplan für das spirituelle Retreat«, »Einstimmung durch Tönen«). Wenn Sie ein längeres Retreat machen, steht es Ihnen frei, Mantras Ihrer Wahl zur Einstimmung in Ihre Meditation zu nutzen, vorausgesetzt, Sie kennen sich damit aus.

Falls es Ihnen seltsam vorkommt, irgendwelche Silben oder Namen in Ihnen unbekannten alten Sprachen zu wiederholen, können Sie selbst Mantras kreieren. Das hat nicht denselben ehrwürdigen Hintergrund und von daher nicht dieselbe mystische Kraft, aber es kann eine sehr hilfreiche Grundlage für die Meditation sein.

Einige Formeln, mit denen ich manchmal meditiere

- »Ich bin hier.« Verweilen Sie bei jedem Wort, während Sie ganz langsam diesen Satz sprechen. »Ich – bin – hier.« Sie werden sehen, dass jedes der drei Worte nach und nach eine tiefere Bedeutung enthüllt und damit auch der ganze Satz.
- »Ich bin.« Wiederholen Sie das Mantra, spüren Sie ihm nach, betrachten Sie die Gedanken, die dazu aufkommen.
- »Jetzt – hier – Ich.« Sie können das Mantra mit Gesten begleiten. Es ist immer gut, wenn der Körper in die spirituelle Übung einbezogen wird.
- »Danke.« Während Sie langsam dieses Wort wiederholen, lassen Sie in Ihrem Geist alles auftauchen, wofür Sie dankbar sind, alles Schöne, Gute oder Lehrreiche, das

Sie erlebt haben, alles, was Sie besitzen, was Ihnen zur Verfügung steht, auch Ihre eigenen Eigenschaften und Fähigkeiten, die Menschen, die Sie lieben …

- »Bitte. Gern geschehen.« Während Sie diese Formel sprechen, lassen Sie alles auftauchen, was Sie in der Opferrolle erlebt haben, wo Ihnen Unrecht angetan wurde, wofür Sie jemandem grollen, alles, was Sie für jemand anderen geopfert haben oder opfern mussten … Die Übung zielt nicht darauf, Ihren Zorn, Ihre Wut, Ihren Groll zu verdrängen, sondern Ihnen eine andere Perspektive zu eröffnen. Statt als Opfer erleben Sie sich auf einmal als souverän und großzügig.
- Sie können auch eine Zeile eines Gebets auswählen, die für Sie von besonderer Bedeutung ist, etwa »Öffne unsere Herzen deiner Schönheit«.[13]

In meinem Buch »Das Gott-Experiment« habe ich eine ganze Reihe von Vorschlägen zur Arbeit mit Gebeten und Mantras gemacht.

Sie können auch mit Affirmationen arbeiten: Das sind Sätze, mit denen Sie etwas Positives ausdrücken, bestätigen, wiederholen. Aber Vorsicht: Affirmationen sind gefährlich, wenn Sie damit negative Gefühle verdrängen möchten. Ich selbst benutze manchmal positive Affirmationen gezielt, um mir der negativen Gefühle und Überzeugungen bewusst zu werden, die mit dem Thema der Affirmation zu tun haben – nicht, um sie zu verdrängen, sondern um sie hervorzulocken und mein Herz für sie zu öffnen!

13 Aus dem Gebet »Khatum« von Hazrat Inayat Khan

Beobachten Sie, während Sie die Affirmation sprechen, ob innere Widerstände oder Protest auftauchen, und kümmern Sie sich mithilfe der Herzensarbeit um die Gefühle, die damit verbunden sind.

Ein Beispiel: »*Mein Leben ist mein Königreich.*«

Stimme von innen: »*Haha, schön wär's.*«

Im Körper ist zu spüren: ein seltsames Gefühl im Mund, die Mundwinkel ziehen sich nach unten.

Gefühl: Bitterkeit.

Braucht vom Herzen: gesehen werden, da sein dürfen, Verständnis.

Dann gibt es in der Brust noch ein Gefühl von Resignation. Es braucht: Verständnis, Erlaubnis, Raum, Beachtung. Als Gefühl wahrgenommen werden statt als Tatsache.

Wenn ich den Satz »Mein Leben ist mein Königreich« jetzt noch einmal ausspreche, taucht, erst ganz fein, noch ein wenig fern, kaum wahrnehmbar, eine Art Hoffnung oder Zuversicht auf. Im Herzen. Dieses Gefühl braucht, dass es wahrgenommen wird, gefühlt wird, Raum bekommt und Pflege.

So kann man sich weiter durch das Thema arbeiten. Hinter der Resignation und der Bitterkeit im Beispiel können noch tiefere Gefühle auftauchen, beispielsweise Gefühle von Ungerechtigkeit (Grundschmerz, Opfer von Unrecht sein) und Ohnmacht. Möglich sind auch Wut, Zorn oder die Sehnsucht, Herr im eigenen Reich zu sein, schließlich aber auch das schöne Gefühl, das sich mit der Erreichung dieses Ziels einstellt (stark, mächtig, im Besitz deiner Eigenmacht, souverän oder frei).

Wenn Sie dieses letzte, positive Gefühl gefühlt, als Gefühl erkannt und ins Herz geholt haben (mithilfe der

Körperzentrierten Herzensarbeit), brauchen Sie möglicherweise die Affirmation nicht mehr. Es kann wesentlich wirkungsvoller sein, das neue Gefühl zu »pflegen«, das heißt, sich jeden Tag und immer wieder daran zu erinnern, es zu fühlen, ihm Raum zu geben. So wird es nach und nach zu einer selbstverständlichen Art sich zu fühlen. Prüfen Sie, ob Sie die Affirmation noch zusätzlich brauchen oder ob es reicht, das neue Gefühl zu pflegen, um eine Veränderung in Ihrem Verhalten und in Ihrer Welt zu erreichen.

Eingangs- und Abschlussrituale

Rituale sprechen eine deutliche Sprache, die Seele und Unterbewusstsein verstehen. Ein Ritual setzt eine Zäsur: Jetzt fängt etwas Besonderes an; jetzt schließe ich es ab. Ein Ritual bereitet Sie vor, stimmt Sie ein auf das, was folgen soll. Das einfachste Ritual besteht im Anzünden einer Kerze.

Einfache Eingangs- und Abschlussrituale:

- Die Hände zusammenlegen und sich verneigen.
- Sprechen Sie ein Gebet oder eine Anrufung. »Anrufung« bedeutet, dass Sie eine höhere Kraft rufen und um Unterstützung oder Begleitung bitten, zum Beispiel einen Engel, Ihr höheres Selbst, jemanden aus der Hierarchie der Meister und Heiligen oder die Naturelemente. Sie können es auf Ihre Weise tun oder mithilfe von bekannten Formeln.
- Zum Eingangsritual kann gehören, dass Sie die Absicht, der Sie diesen Rückzug widmen, klar und deutlich formulieren und laut aussprechen.

- Zum Schlussritual kann gehören, dass Sie Bilanz ziehen, einen Vorsatz fassen, sich etwas zum Mitnehmen einprägen, Notizen machen, ein Gebet sprechen, sich bedanken.

Gestalten Sie die Eingangs- und Abschlussrituale auf Ihre eigene Weise. Manche mögen es schlicht: eine Kerze auf einem weißen Tuch. Andere stellen sich gern ein Bild dazu, ein Symbol, eine Vase mit Blumen, eine Schale Wasser mit einer Blüte. Oder Sie bauen sich einen kleinen Altar mit vielen Bildern, Elementen, Symbolen, vielfarbig und fröhlich. Dies ist Ihr eigenes Retreat, Ihr eigenes Fest: Gestalten Sie es mit Herz und Kreativität!

Das Retreat
einer größeren Sache widmen

Es macht einen großen Unterschied, ob Sie Ihr spirituelles Retreat aus der Perspektive Ihres kleinen Ich und ganz für sich selbst antreten, oder ob Sie es weihen, indem Sie es etwas widmen, das größer ist als Sie: »Mögen alle Menschen, die auf der Suche sind, von meiner Meditation profitieren.« »Möge meine Meditation zur Erleuchtung aller beitragen.« Oder Sie machen sich bewusst, dass Sie Teil eines großen Ganzen sind, und dass nicht Sie meditieren, um dem großen Ganzen auf die Spur zu kommen, sondern dass es das große Ganze ist, das sich selbst durch Sie entdeckt. Oder dass Sie mit Ihrer Meditation Gott oder der Wahrheit Raum geben. Sie können Ihr Retreat auch einem Menschen widmen, den Sie lieben. Oder einem spirituellen Meister oder Heiligen.

Mit Liebe in ein Retreat zu gehen, wird Ihnen Kraft und Flügel für den Höhenflug verleihen, es wird Ihr Retreat beseelen und erleuchten.

Wie geht man mit Widerständen um?

Bei dem Gedanken, sich für eine kurze oder eine längere Zeit von allem zurückzuziehen, tauchen wahrscheinlich einige Widerstände auf. Das ist normal. Obwohl ich 20 Jahre lang alljährlich ein längeres Einzel-Retreat in den Bergen gemacht habe und mir ein Leben ohne diese kostbare und wunderbare Phase der Erneuerung und Inspiration nicht vorstellen konnte, habe ich auf dem Weg dorthin jedes Mal Fluchttendenzen wie diese erlebt: Ob nicht das Wetter zu schlecht ist? Statt da oben auf dem Berg in einem Zelt zu sitzen, könnte ich doch lieber in diesem netten Städtchen im Tal ein Hotelzimmer nehmen und mit ein paar guten Büchern auf der Terrasse liegen.

Die Wahrscheinlichkeit ist groß, dass Sie einem oder mehreren der folgenden Widerstände (und ihren Ausweichmanövern) begegnen werden:

- Angst vor dem, was passiert, wenn Sie sich aus der gewohnten realen oder virtuellen Gemeinschaft ausklinken
- Angst, etwas zu verpassen
- Angst vor dem Alleinsein
- Angst, es nicht auszuhalten
- Panik, sich abgeschnitten zu fühlen
- Bedenken, dass es langweilig oder anstrengend ist.

Tun Sie sich keine Gewalt an, indem Sie den Widerstand niederbügeln, sondern lernen Sie ihn kennen. Stellen Sie fest, mit welchen Gefühlen er verbunden ist: welche Ängste, welche Sehnsüchte? Und was brauchen diese Gefühle von Ihnen (Herzensschlüssel anbieten, eventuell zurückgeben)? Und dann treffen Sie Ihre Entscheidung, ob Sie nun diesen Rückzug realisieren oder nicht.

Verhinderungsfaktor Sucht

Mehr noch als Zigaretten, Alkohol und Drogen ist es heute die Bildschirmsucht, die die Menschen in ihrem Bann hält. Bildschirme – ob nun von Computern, Smartphones, Tablets oder Fernsehern – haben zwei Nachteile: Sie hypnotisieren und machen süchtig.

Diese Sucht ist inzwischen so gravierend geworden, dass Menschen Unfälle verursachen, weil sie auf den Bildschirm ihres Handys schauen, und Botschaften versenden, während sie am Steuer ihres Autos sitzen, mit dem Fahrrad fahren oder zu Fuß die Straße überqueren. Die Augen auf ihr Smartphone gerichtet, sehen sie nicht mehr, was draußen passiert. Für Fußgänger, die sich auf diese Weise überfahren lassen, hat man sogar eine Bezeichnung erfunden: Man nennt sie »Smombies« (von Zombies und Smartphone) oder »Deadwalkers«.

Aus der Praxis der Körperzentrierten Herzensarbeit heraus betrachtet, ist diese Sucht nicht anders zu behandeln als jedes andere Thema. Letztendlich läuft Sucht – egal welcher Art – auf zwei Gefühle hinaus: das schlimme Gefühl, das ich entdecke, wenn ich auf das Suchtmittel verzichten muss; und das gute Gefühl, das ich entdecken kann, wenn ich mir das Suchtmittel vollständig gestatte. Vor dem schlimmen Gefühl steht eine Angst, vor dem guten Gefühl eine Sehnsucht.

Wenn Sie Ihrer Sucht auf den Grund gehen und sich mithilfe der Herzensarbeit von ihr befreien möchten, können Sie mit dem Positiven oder dem Negativen anfangen, je nachdem, welche Seite Sie zu Beginn der Übung mehr anzieht.

Die positive Seite: Sie stellen sich vor, der Sucht voll und ganz nachzugeben (ein wenig übertreiben: »Ich darf das, immer und überall, wann ich will, so viel ich will, ich darf sogar ganz darin bleiben.«). Lernen Sie den Körperzustand kennen, der sich bei der Vorstellung, der Sucht hemmungslos zu frönen, einstellt. (Vorher mögen vielleicht auch negative Emotionen auftauchen.) Entdecken Sie das gute Gefühl darin: zum Beispiel das Gefühl von Verbundenheit, Geborgenheit oder Sicherheit. Öffnen Sie diesem Gefühl Ihr Herz (durch Anwendung der Schlüssel, s. »Körperzentrierte Herzensarbeit – Mein Universalwerkzeug für den Besinnungs-Rückzug und das ganze Leben«).

Danach prägen Sie sich das Gefühl gut ein und nehmen es mit ins Leben, erinnern sich so oft wie möglich daran, es zu fühlen – morgens als Erstes, abends als Letztes und in allen möglichen Situationen immer wieder. Wenn Sie dieses Gefühl haben, sind Sie nicht mehr abhängig von Ihrem Suchtmittel. Sie haben es ja nur gebraucht, um an dieses Gefühl zu kommen. (Es nützt Ihnen allerdings nichts, wenn Sie das theoretisch verstehen; wirklich verstehen können Sie es nur durch Anwendung der Herzensarbeit auf dieses Thema.) Es bedarf allerdings einer gewissen Übungszeit, bis das gute Gefühl sich fest in Ihrem Herzen etabliert und Sie tatsächlich von der Sucht befreit hat.

Die negative Seite: Sie stellen sich vor, vollständig auf das Suchtmittel zu verzichten (oder verzichten zu müssen).

Übertreiben Sie absichtlich: »nie wieder«, »für immer, bis ans Ende meines Lebens«, um das schmerzhafte Gefühl hervorzulocken. Gehen Sie immer über den Körper! Fragen Sie sich nicht, wie Sie sich dann fühlen würden, sondern stellen Sie sich die Situation vor (zum Beispiel nie wieder »connected« sein) und erleben Sie den Körperzustand, der sich dabei einstellt. Darin entdecken Sie das tiefere Gefühl, nicht indem Sie es erdenken. Haben Sie dieses Gefühl (immer ein seelischer Grundschmerz, beispielsweise sich abgeschnitten, allein, verloren, ausgeschlossen fühlen) entdeckt, gefühlt und als Gefühl erkannt und ihm das gegeben, was es von Ihrem Herzen braucht, so beherrscht es Sie nicht mehr. Das Gefühl ist dadurch nicht weg, es wird immer wieder mal auftauchen, aber dann erkennen Sie es sofort wieder, wissen, dass es ein Gefühl ist und dass Sie es bewusst fühlen können, statt im Geist eine Tatsache daraus zu machen. Einen Teil können Sie sicher dem Netz-Kollektiv zurückgeben.

Wenn Sie sich dabei erwischen, wieder zum Suchtmittel zu greifen, ohne das eigentlich zu wollen, müssen Sie sich nur an dieses Gefühl erinnern, es fühlen, ihm Raum geben, sich klarmachen, dass es sich um ein Gefühl handelt. Auf diese Weise wird nach und nach die Sucht von Ihnen abfallen. Allerdings müssen Sie diese Befreiung auch aktiv nutzen und ganz bewusst den neuen Zustand, das neue Gefühl, die neue Verhaltensweise pflegen, denn immerhin ist ja das Suchtmuster eine handfeste Realität in Ihrem Gehirn. Es ist eine Art Schiene, die in der Gehirnsubstanz angelegt ist, ähnlich wie eine Loipe im Schnee. Sich in jungfräulichem Schnee zu bewegen ist schwieriger, automatisch wählt man unbewusst die Loipe; Sie müssen also eine neue anlegen. Sie müssen statt des gewohnten Suchtverhaltens etwas anderes tun, und zwar wieder und wieder, bis ein neues Muster angelegt ist, auf das Sie automatisch zurückgreifen. Man hat festgestellt, dass ein neues Verhalten 28-mal wiederholt werden muss, bevor es die alte Automatik ersetzt.

Auch das gute Gefühl, das die Befreiung von der Sucht Ihnen verschafft, können Sie bewusst fühlen und pflegen. Lernen Sie es kennen, geben Sie ihm einen Namen, fühlen Sie es bewusst, geben Sie ihm einen Platz in Ihrem Herzen und pflegen Sie es dann weiter. Damit stehen Sie auf sicherem Boden. Vielleicht heißt das Gefühl einfach »frei«. Oder »befreit«, »erleichtert«, »souverän«, »im Vollbesitz meiner Eigenmacht«.

Wenn Sie sich von der Sucht befreit haben, werden Sie in aller Freiheit entscheiden, ob, wann, wofür und wie lange Sie diese Geräte nutzen und wann Sie sie abschalten – anstatt sich das von Ihrer Sucht und von denen, die Sie ins Netz locken und dort festhalten wollen, diktieren zu lassen.

In meinen Seminaren – die handyfrei sind – habe ich schon viele Menschen nach anfänglicher Panik am Ende erzählen hören, wie wunderbar befreiend es sei, das Handy einmal zu ignorieren, sich seinem Terror zu entziehen und stattdessen »richtig« zu leben. Fazit: Bevor Sie Ihr Retreat antreten, müssen Sie sich möglicherweise um Ihre Abhängigkeit von Handy, Internet, elektronischer Kommunikation und Information oder Ihren sozialen Netzwerken kümmern, indem Sie sie zum Gegenstand einer Körperzentrierten Herzensarbeit machen.

Vorbereitungen für einen längeren Rückzug

Der Zeitrahmen muss klar sein, vielleicht müssen Absprachen getroffen werden mit Angehörigen, Kollegen, Mitbewohnern, Ihre virtuellen Freunde müssen möglicherweise informiert werden, dass Sie für x Tage nicht online sind. Sorgen Sie dafür, dass alles, was während der Rückzugstage betreut werden muss, in guten Händen ist.

Sie müssen sich voll und ganz in Ihr Retreat begeben können. Dafür brauchen Sie einen sicheren Rahmen und absolutes Ungestörtsein. Sie können sich nicht in aller Seelenruhe von der Mitwelt zurückziehen, wenn Sie nicht sichergestellt haben, dass Sie verständigt werden, falls einer Ihrer Angehörigen in Not ist. Falls nötig, treffen Sie eine Notfallvereinbarung: eine Uhrzeit, zu der Ihre Angehörigen Sie erreichen können, falls es einen Notfall in Ihrer Familie gibt. Verabreden Sie eindeutig, dass dies nur für echte Notfälle gilt. Auf keinen Fall soll diese Vereinbarung für Anliegen missbraucht werden, die nicht von existenzieller Wichtigkeit sind, wie etwa »Kannst du mir mal eben bei dieser Formulierung helfen?« oder »Wie geht es dir, ist alles in Ordnung?«.

Warum das wichtig ist? Wenn Sie Ihre Kontakte mit den Mitmenschen weiter pflegen und Informationen aus der Außenwelt aufnehmen, werden Sie nicht in den vertieften und verinnerlichten Zustand gelangen können, den man in einem spirituellen Retreat erreichen kann. Stattdessen bleiben Sie in der üblichen Einstimmung, der üblichen Denkweise gefangen. Sie können nie wirklich zu sich selbst kommen, wenn Ihre Mitwelt weiter an Ihnen zerrt. Um wirklich in Kontakt mit dem Kern Ihres Wesens, Ihrem Herzen,

Ihrer Seele zu kommen, um Ihr Leben aus einer anderen Perspektive zu betrachten, höhere Ebenen Ihrer selbst zu entdecken, sich einmal von allem loszulösen und sich um Ihr wahres Selbst zu kümmern, brauchen Sie Zeit. Das geht nicht von einem Moment auf den anderen. Die Zeit der spirituellen Übung darf nicht unterbrochen werden, sonst riskieren Sie einen emotionalen Absturz oder dass Sie wieder von vorn anfangen müssen. Es ist wie beim Bergsteigen. Wenn Sie auf den Gipfel klettern möchten, dürfen Sie nicht immer wieder zur Basisstation zurückgerufen werden.

Liste für Ihre Vorbereitungen

- Reinigen Sie Ihren Meditationsplatz und sein Umfeld.
- Stellen Sie sich in den Tagen davor alles zusammen, was Sie brauchen werden.
- Leichte, bequeme Kleidung.
- Kerze, Streichhölzer/Feuerzeug, eventuell Räucherstäbchen, Duftlampe oder Aura-Soma-Essenzen.
- Schreibzeug für Notizen, evtl. Tagebuch.
- Wasser (falls Sie Flaschenwasser trinken), Teekräuter.
- Genügend (leichte) Nahrung und alles, was Sie brauchen, um sie zuzubereiten, am besten – falls Sie nicht überhaupt fasten[14] – einfache und schnell zuzubereitende Gerichte, möglichst frisch und energiereich. Aus energetischen Gründen würde ich auf Tiefkühlkost verzichten und auch nichts in der Mikrowelle erwärmen. Prüfen Sie, ob Sie alles eingekauft haben, das Sie brauchen, bis hin zum Klopapier.

14 Fasten während des spirituellen Retreats empfehle ich Ihnen nur, wenn Sie gut fasten können, ohne dass es Sie schwächt oder zu sehr beschäftigt.

- Haushalts- und Körperpflegeprodukte checken.
- Evtl. Musik zum Einstimmen.
- Markieren Sie sich die Übungsanleitungen, die Sie brauchen, in diesem Buch mit Klebezetteln oder Lesezeichen, damit Sie sie schnell parat haben.
- Material zum Malen oder Zeichnen, Karten (falls Sie gewohnt sind, mit esoterischen Kartensets zu arbeiten) etc.

Für die Gestaltung Ihres Retreats haben Sie vier Möglichkeiten

1. Sie folgen meinem Ablaufplan.
2. Sie nehmen meinen Ablaufplan und modifizieren ihn auf Ihre Weise.
3. Sie halten alle von mir angebotenen und eigenen »Instrumente« und Übungen parat und setzen sie von Augenblick zu Augenblick intuitiv ein.
4. Sie machen Ihren eigenen Ablaufplan, angepasst an Ihre Bedürfnisse und Wünsche.

Wenn Sie noch nie ein Retreat gemacht haben, empfehle ich Ihnen, beim ersten Mal meinem Ablaufplan zu folgen.

Wie auch immer Sie sich entscheiden: Seien Sie in der gewählten Methode konsequent. Halten Sie den Plan ein. Üben Sie Disziplin. Falls Sie sich für Modell 3 entscheiden, seien Sie konsequent darin, Ihrer Intuition zu folgen. Falls Sie zu Faulheit oder Übereifer neigen, zu Zweifel und Unentschiedenheit, müssen Sie diese eventuell bewusst wahrnehmen, statt sich von ihnen beherrschen zu lassen, sonst wird das nichts mit der Intuition! In diesem Fall folgen Sie besser meinem Ablaufplan.

Ablaufplan für das spirituelle Retreat

Ein Retreat muss sorgfältig orchestriert werden, um Ihnen zu dem gewünschten Frieden, Abstand, der ersehnten Tiefe des Erlebens oder Höhe der Erkenntnis zu verhelfen. Nicht jede Übung passt in jedem Moment. Ich kann Ihnen natürlich kein auf Sie individuell zugeschnittenes Programm präsentieren. Da Sie allein zu Hause sitzen, müssen Sie Ihr eigener »Guide« sein.

Sie finden nachstehend ein Ablaufschema und zu jedem Punkt dieses Schemas mehrere Anregungen, aus denen Sie sich von Tag zu Tag Ihren eigenen Ablaufplan zusammenstellen. Bitte halten Sie sich an das Ablaufschema für jede »Session« (Sitzung), um sicherzustellen, dass Ihr »Home Retreat« ausgewogen ist und keine unerwünschten Nebenwirkungen hat. Dieses Schema soll so aussehen:

- Körperübung
- Atemübung
- Einstimmungs-Übung
- Meditation
- Unterbrechung

Wichtig ist mir, dass Sie dieses Schema respektieren. Für jeden der fünf Programmpunkte stelle ich Ihnen drei verschiedene Optionen zur Verfügung, bei den Meditationen sind es sechs. Bei allen Elementen, außer bei der Meditation, haben Sie die freie Wahl, welche der drei Optionen Sie wählen und in welcher Reihenfolge Sie sie anwenden.

Sie können übrigens auch immer bei ein- und derselben Auswahl bleiben, zum Beispiel für die Frühmorgen-Session immer die Lichtmeditation als Einstimmungs-Übung verwenden, weil das im Licht der Morgensonne einfach am besten passt. Bei den Meditationsthemen aber empfiehlt es sich, die von mir entwickelte Reihenfolge beizubehalten, das heißt, mit dem ersten anzufangen und mit dem letzten zu enden. Wenn die Zeit nicht für alle reicht, wie etwa bei einem eintägigen Retreat, halten Sie sich dennoch an die Reihenfolge.

Wählen Sie aus den sechs Meditationsthemen entweder nur zwei, drei oder vier aus oder fassen Sie jeweils zwei zu einer Meditation zusammen. Wenn Sie genügend Zeit haben, also zwei oder drei Tage, führen Sie alle sechs Themen nacheinander in der angegebenen Reihenfolge durch.

Wenn Sie bei einem mehrtägigen Retreat mehr Zeit haben als für die sechs Meditationsthemen nötig ist, widmen Sie den Themen jeweils zwei Sitzungen statt nur eine. Denn jedes dieser Themen gibt Anstoß für eine Meditation, die sehr tief gehen kann und in der sich viele Facetten der Realität enthüllen können, wenn Sie genügend Zeit und Konzentration dafür aufwenden.

Die Körperzentrierte Herzensarbeit, meine Hauptübung, ist im spirituellen Retreat sozusagen der Joker und wird immer dann eingesetzt, wenn sie gebraucht wird, das heißt, wenn Emotionen ausgelöst werden.

Die zur Wahl stehenden Übungen

Nutzen Sie die hier vorgestellten Übungen wie die Speisekarte für ein mehrgängiges Menü: Sie wählen pro Session eine der drei warmen Vorspeisen, drei kalten Vorspeisen, drei Zwischengänge, sechs Hauptspeisen und drei Nachspeisen.

Körperübungen

- Mein vollständiger Bewegungs-Cocktail
- Meine Spontan-Bewegungs-und-Ton-Übung
- Kreisende Mikro-Bewegungen

Atemübungen

- Ich und die Welt
- Himmel und Erde
- Die Atemwelle

Übungen zur Einstimmung

- Einstimmung auf das Licht
- Om: Der Urklang
- Licht mit Klang: Die Sonne begrüßen

Meditationsthemen

- Am Fluss des Lebens (Abstand gewinnen)
- Die Höhle des Eremiten (nach innen gehen)
- Das wahre Wesen entdecken (eine höhere Perspektive entdecken)
- Sich selbst mit den Augen eines Meisters sehen
- Die Sterbebett-Perspektive (zurückschauen)
- Das Buch zuklappen (Das Erwachen)

Gut zu einer Meditation kombinieren lassen sich die Themen eins und zwei (Am Fluss des Lebens und Die Höhle des Eremiten), drei und vier (Das wahre Wesen entdecken und Sich selbst mit den Augen eines Meisters sehen) und die Themen fünf und sechs (Die Sterbebett-Perspektive und Das Buch zuklappen).

Unterbrechungen

* Meditatives Gehen
* Erfrischung und Stärkung durch Getränk und kleinen Imbiss
* Mahlzeit zubereiten, essen, abwaschen

Verteilen Sie die Übungen auf täglich sechs Sessions:

* Vor dem Frühstück
* Vormittag erste Hälfte
* Vormittag zweite Hälfte
* Nachmittag erste Hälfte
* Nachmittag zweite Hälfte
* Abend

Die Frühmeditation vor dem Frühstück würde ich nicht einem der angegebenen Meditationsthemen widmen, sondern nur der Körper-, Atem- und Lichtübung sowie dem stillen Sitzen.

Falls Sie nicht die spirituellen Übungen, sondern die Körperzentrierte Herzensarbeit zum Herzstück Ihres Retreats machen möchten, dann ergänzen Sie sie bitte durch die Meditationsthemen, die im gegebenen Moment passen. Und bitte jede Meditation, ob es nun ein spirituelles Thema oder die Körperzentrierte Herzensarbeit ist, einleiten durch Körperübung!

Erden Sie sich zwischendurch immer wieder, indem Sie sich Ihrem Körper zuwenden und auf seine Bedürfnisse achten.

Die drei Körperübungen

Mein vollständiger Bewegungs-Cocktail

Nach Jahrzehnten intensiver Praxis verschiedener Trainingsmethoden habe ich einen sinnvoll zusammengestellten »Basis-Cocktail« für die Vorbereitung der Sitzmeditation entwickelt, der sich aus folgenden Elementen zusammensetzt:

1. Strecken – Dehnen – Gähnen
2. Gelenke kreisen lassen, Kopf-Kiefer-Nacken mobilisieren
3. Schütteln
4. Kraftvolle, entschiedene bis aggressive Bewegungen
5. Klopfen und Abstreifen
6. Sanfte, ordnende Bewegungen
7. Sammlung

Anleitung

1. **Dehnen**: Strecken und dehnen Sie Ihren Körper ausgiebig, gähnen Sie.
2. **Kreisen**: Lassen Sie nacheinander Ihre Schulter-, Ellenbogen-, Handgelenke, Hüften, Knie, Sprunggelenke kreisen. Mobilisieren Sie auch das Kiefergelenk, indem Sie den Mund öffnen und den Unterkiefer sanft bewegen. Strecken Sie die Zunge heraus. Bewegen Sie den Kopf leicht und locker nach rechts und links, vorne und hinten.

3. **Schütteln**: Aufrecht stehend, Füße parallel und hüftbreit, Fußsohlen auf dem Boden, schütteln Sie den ganzen Körper sanft durch. Schütteln Sie auch Arme und Beine aus. Stehen Sie danach eine Weile still.

4. **Schlagen und Treten**: Machen Sie mit Armen und Beinen einige kräftige, aggressive Bewegungen: Mit den Fäusten auf einen imaginären Tisch hauen, nach vorne boxen, mit den Ellenbogen nach hinten kicken, als wollten Sie jemanden wegstoßen, Handkantenschläge, mit Krallenfingern etwas Imaginäres zerkratzen, mit den Füßen treten, mit den Knien kicken. Jeweils kräftig ausatmen. Vermeiden Sie jede Übertreibung. Sonst könnten Sie sich wehtun, Ihren Körper überstrapazieren und Ihre Energie zerstreuen oder verlieren, statt sie zu wecken und zu bündeln, wie es der Zweck dieses Übungsteils ist.

5. **Klopfen und Abstreifen**: Klopfen Sie Ihren Kopf bis in den Nacken von vorne nach hinten ganz leicht mit den Händen ab, klopfen Sie dann kräftig mit den Fäusten die Schultern, den Nacken, die Arme, den Rumpf (aber nie stark auf die Nieren klopfen!), die Beine hinunter bis zu den Füßen ab. Streifen Sie anschließend imaginäre Spinnweben von Ihrem Körper ab, vom Scheitel bis zur Sohle.

6. **Enden Sie mit einigen sanften, atemverbundenen Bewegungen**: die Arme ausbreiten, Handflächen nach oben, einatmend nach oben über den Kopf führen, ausatmend vor dem Körper wieder hinunter. Wählen oder erfinden Sie eigene atemverbundene, sanfte, harmonisierende Bewegungen.

7. **Sammlung**: Zum Schluss stehen Sie eine Weile ganz still und sammeln sich. Die Hände vor dem Bauch übereinander- oder vor der Brust aneinanderlegen – probieren Sie aus, was Ihnen angenehmer ist, um sich zu zentrieren.

Benötigte Zeit: Wenn es schnell gehen soll, können Sie die ganze Übungsfolge in weniger als 10 Minuten absolvieren. Wenn Sie Zeit haben und sie ausführlich genießen wollen, können Sie sie auf 30 Minuten ausdehnen.

Meine Spontan-Bewegungs-und-Ton-Übung

Dies ist eine Übung, die ich vor Jahren für mich und meine Seminarteilnehmer entdeckt habe. Letztere haben immer einen Riesenspaß dabei. Es ist eine vielfach erprobte Möglichkeit, in minimaler Zeit einen maximalen Effekt zu erzielen: Energie weckend, entspannend und wohltuend.

Der Körper liebt Klang und Bewegung. In dieser Übung kombinieren Sie beides, und zwar in einer ungeplanten, spontanen Weise.

Anleitung

Stehen Sie still, entspannt, schließen Sie die Augen, spüren Sie Ihren Atem. Machen Sie sich bewusst, worum es in dieser Übung gehen soll: Ihrem Körper zu erlauben, sich über spontane Kombinationen aus Ton und Bewegung von Stress und Anspannung zu entladen, sich zu harmonisieren und mit frischer Energie aufzuladen. Mit anderen

Worten: eine Kombination von Bewegung und Ton zu produzieren, die Ihnen jetzt gerade in diesem Moment guttut.

Spüren Sie Ihren Atem. Lassen Sie nun spontan aus Ihrem körperlichen Bedürfnis heraus eine Kombination von Laut und Bewegung entstehen. Beispiele: die Arme in die Luft werfen und »Hei!« rufen, Kopf und Oberkörper hängen lassen und ausseufzen, eine aggressive Armbewegung mit einem explosiven »P« oder einem scharfen »Sss« kombinieren. Das sind nur drei Beispiele von unzähligen Möglichkeiten! Choreografieren Sie das Ganze nicht mit dem Verstand, sondern lassen Sie Ihren Körper agieren. Vielleicht kommt ein gellendes »I« bei gleichzeitigem Aufstampfen heraus. Was immer Ihr Körper jetzt braucht, um sich wohlzufühlen!

Führen Sie jede Ton-Bewegungs-Kombination dreimal aus. Sammeln Sie sich dann wieder, spüren Sie in Ihren Körper hinein und laden Sie ihn ein, sein nächstes Bewegungs-Laut-Bedürfnis zu äußern. ❦

Warnung: Bei aller Spontaneität führen Sie die Übungen bitte achtsam und ohne Übertreibung aus, die Sehnen, Gelenke, Herz oder die Stimmbänder überstrapazieren könnte!

Wenn Sie den Eindruck haben, dass es genug ist, sammeln Sie sich noch einmal, spüren Sie in Ihren Körper hinein und fragen Sie ihn, ob ihm noch eine Ton-Bewegungs-Kombination fehlt. Schließen Sie die Übung bewusst ab, indem Sie Atem und Körper spüren und die Sinneseindrücke wahrnehmen. Sie werden wahrscheinlich merken, dass Ihr Körper sehr zufrieden ist und Sie sich wohlfühlen.

Kreisende Mikro-Bewegungen

Dies ist eine Folge von kreisenden Bewegungen, die sehr klein und fein ausfallen und mit Aufmerksamkeit durchgeführt werden sollen. Sie zielen nicht so sehr auf die Muskeln und Gelenke, sondern mehr auf das Bindegewebe. Ich habe sie aufgrund von Anregungen aus Qigong und anderen Techniken selbst entwickelt.

Anleitung

Sie konzentrieren sich dabei jeweils auf eine bestimmte Stelle der Längsachse Ihres Körpers und führen sehr kleine kreisende Bewegungen um diesen Punkt herum aus.

Sie stehen aufrecht, die Knie leicht gebeugt, das Gewicht ist gut auf Fersen und Ballen verteilt.

Sie spüren Ihren Atem und die Verbindung zur Erde.

Wiederholen Sie jede der folgenden Kreisbewegungen fünfmal im Uhrzeigersinn. Starten Sie dann die ganze Serie gegen den Uhrzeigersinn, aber in umgekehrter Reihenfolge.

Konzentrieren Sie sich nun auf den Scheitelpunkt Ihres Kopfes. Bewegen Sie den Kopf ganz leicht so, als sollte er um diesen Scheitelpunkt herum kreisen.

Konzentrieren Sie sich auf den Nacken. Bewegen Sie Ihr Kinn so, als solle es um den Nacken herum kreisen.

Konzentrieren Sie sich auf Ihr Herz. Bewegen Sie Ihren Rumpf so, als solle er um Ihr Herz herum kreisen.

Konzentrieren Sie sich auf Ihren Nabel. Gehen Sie etwas tiefer in die Knie. Bewegen Sie Ihren Unterleib so, als solle er um Ihren Nabel herum kreisen.

Konzentrieren Sie sich auf Ihren Dammpunkt (unterster Punkt des Rumpfes). Gehen Sie noch etwas tiefer in die Knie. Versetzen sie diesen Punkt in eine kreisende Bewegung.

Beginnen Sie nun die Gegenbewegung, gehen Sie von unten nach oben vor:

- Dammpunkt linksherum kreisen lassen
- Unterleib um den Nabel linksherum kreisen lassen
- Rumpf um das Herz linksherum kreisen lassen
- Kinn um den Nacken linksherum kreisen lassen (sozusagen)
- Kopf um den Scheitelpunkt linksherum kreisen lassen
- Stehen und nachspüren.

Das ist die Kurzform. Wenn Sie mehr Zeit haben, lassen Sie die feinen Kreisbewegungen für die Gelenke der Gliedmaßen folgen:

- Sie bewegen die Hand um das Handgelenk herum,
- den Unterarm um das Ellenbogengelenk,
- den Oberarm um das Schultergelenk,
- den Fuß um das Sprunggelenk,
- den Unterschenkel um das Kniegelenk,
- den Oberschenkel um das Hüftgelenk.

Jeweils in eine Richtung, erst die rechte, dann die linke Körperseite, dann zurück in die andere Richtung.

Führen Sie die Bewegung sehr sanft aus, und seien Sie mit vollem Bewusstsein dabei.

Am Schluss können Sie noch die Augen rollen: erst rechtsherum, dann linksherum. Und sehr sanft und achtsam den Unterkiefer kreisend bewegen.

Die drei Atemübungen[15]

Ich und die Welt

Schließen Sie die Augen, und spüren Sie Ihren Atem.

Beobachten Sie ihn nicht nur aus der Ferne, sondern seien Sie mit Ihrer Aufmerksamkeit beim Atem, spüren, erleben Sie ihn.

Beobachten Sie, wie sich Ihr Atem nach und nach verlangsamt, ruhiger, länger wird.

Machen Sie sich bewusst, auf welche Weise der Atem Sie mit der Welt verbindet, wie Sie beim Einatmen Luft und Energie aus der Welt aufnehmen, wie Sie beim Ausatmen verbrauchte Luft und Energie abgeben.

Einatmen – aufnehmen

Ausatmen – abgeben

(Das geschieht sowieso, nur dass Sie sich jetzt darauf konzentrieren und es dadurch verstärken.)

Bleiben Sie bei dieser Wahrnehmung, und erforschen Sie das Verhältnis zwischen Ihnen und der Welt, indem Sie Ihrem Atem folgen.

Pendeln Sie dann mit Ihrer Wahrnehmung hin und her zwischen

Ihrem Körper (beim Einatmen) und

der Welt, dem Universum (beim Ausatmen).

---

15 Diese Übungen habe ich als vereinfachte Formen aus Meditations-anleitungena von Pir Vilayat Khan abgeleitet.

Einatmen: Ich

Ausatmen: Welt

Bleiben Sie bei diesem Wechsel, und erforschen Sie weiter das Verhältnis zwischen Ihnen und dem Universum oder der Welt. Sie können auch Ihre Identifikation mitgehen lassen:

Beim Einatmen: identifiziert mit dem eigenen Körper und der individuellen Persönlichkeit

Beim Ausatmen: sich ausbreiten, bis man sich vorstellen kann, das Ganze zu sein

Beobachten Sie, was dabei mit Ihrem Bewusstsein, Ihrer Erkenntnis geschieht.

Spinnen Sie den Faden weiter, während Sie das Ein- und Ausatmen bewusst spüren.

Irgendwann können Sie vielleicht dabei eine Umkehrung der Perspektive erleben: Nicht ich atme ein, sondern das Universum kristallisiert sich beim Einatmen in mir zu einer individuellen Perspektive, zieht sich also gewissermaßen zusammen, bündelt seine Wahrnehmung zu »meiner« Perspektive. Es dehnt sein Bewusstsein beim Ausatmen wieder zur universalen Perspektive aus.

Folgen Sie dem Ein- und Ausatmen, und betrachten Sie dabei die Eindrücke und Erkenntnisse, die auftauchen, während Sie das Verhältnis zwischen Ihnen als Individuum und dem großen Ganzen erforschen.

Himmel und Erde

Schließen Sie die Augen.

Spüren Sie Ihren Atem.

Bleiben Sie beim Atem, bis Sie merken, dass er ein wenig ruhiger und langsamer geworden ist.

Fokussieren Sie nun auf das Ausatmen. (Achten Sie mehr auf das Ausatmen als auf das Einatmen.)

Spüren Sie die Entspannung beim Ausatmen.

Spüren Sie Ihr Körpergewicht beim Ausatmen.

Spüren Sie Ihre Verbindung zur Erde beim Ausatmen.

Stellen Sie sich vor, Ihre Anspannungen, Sorgen, Bürden an die Erde abzugeben.

Spüren Sie die Erdenschwere: Nicht nur als etwas, das Sie beschwert, sondern auch als etwas, das Ihnen Stabilität verleiht, Ihnen Halt gibt.

Machen Sie sich bewusst, dass Sie sich mitten im Energiefeld der Erde befinden (nicht nur »auf« der Erde) und dass Ihr eigenes Energiefeld bis in die Erde hineinreicht.

Bleiben Sie bei dieser Verbindung.

Fokussieren Sie dann auf das Einatmen. Lassen Sie das Ausatmen und die Verbindung der Erde etwas in den Hintergrund treten.

Stellen Sie sich vor, dass Ihr Atem beim Einatmen nach oben geht Richtung Kopf und darüber hinaus, wie die Wassersäule eines Springbrunnens.

Gehen Sie mit dem Atem, lassen Sie sich erheben, herausheben aus der Erdenschwere.

Spüren Sie beim Einatmen Ihre Verbindung zum Himmel, zu den leichten, lichten, hohen Sphären, zu Ihrer spirituellen Heimat.

Tun Sie nichts, sondern stellen Sie es sich vor und lassen Sie es geschehen.

Einatmen: sich erheben lassen

Ausatmen: ohne besondere Vorstellung

Verweilen Sie dabei.

Mit dem dritten und letzten Teil der Übung verbinden Sie Himmel und Erde.

Einatmen: sich zum Himmel erheben lassen

Ausatmen: sich zur Erde hin entspannen

Einatmen: aufwärts

Ausatmen: abwärts

Bleiben Sie in dieser Konzentration, und beobachten Sie, was dabei mit Ihrem Bewusstsein und Ihrer Erkenntnis geschieht.

Vielleicht entdecken Sie, dass nicht Sie atmen, sondern dass Himmel und Erde in Ihnen atmen. Oder andere neue Perspektiven.

Beenden Sie die Meditation, indem Sie einige Male scharf durch die Nase atmen und die Finger und Zehen bewegen, bevor Sie die Augen öffnen. ⋙

Die Atemwelle

In der folgenden Atem-Meditation verbinden Sie die vier Richtungen aus den beiden vorigen Meditationen (innen und außen sowie oben und unten) in folgender Reihenfolge:

Einatmen: nach innen (also zum Zentrum) und oben

Ausatmen: nach unten und außen (in die Weite)

Schließen Sie die Augen.

Spüren Sie Ihren Atem.

Bleiben Sie beim Atem, bis Sie merken, dass er sich ein wenig verlangsamt hat.

Richten Sie nun Ihre Aufmerksamkeit auf das Einatmen. Bemerken Sie oder stellen Sie sich vor, wie es beim Einatmen eine zusammenziehende und dann nach oben aufsteigende Bewegung gibt, beim Ausatmen eine absinkende und ausbreitende.

Einatmen: zusammenziehen, sich nach oben erheben

Ausatmen: nach unten sinken, sich ausbreiten

Einatmen: innen und oben

Ausatmen: unten und außen

Lassen Sie sich diese Abfolge zu einer Welle gestalten.

Beim Einatmen bildet sich aus dem Ozean die Welle und erhebt sich.

Beim Ausatmen sinkt sie herunter und breitet sich in den Ozean aus.

Bleiben Sie dabei.

Spüren Sie die Welle, verbunden mit dieser Vorstellung.

Sie sind diese Welle.

Während Sie beim Atem bleiben, erforschen Sie das Verhältnis zwischen der Welle – also Ihnen – und dem Ozean.

Irgendwann wird Ihnen bewusst, dass Sie eigentlich der Ozean sind, der sich zu einer Welle gestaltet. Nun haben Sie die Perspektive gewechselt.

Beim Einatmen gestaltet sich der Ozean zu der Welle, die Sie sind.

Beim Ausatmen verschwindet die Welle, und Sie sind der Ozean.

Einatmen: Sie sind die Welle.

Ausatmen: Sie sind der Ozean.

Lassen Sie den Atem bei dieser Betrachtung breit und langsam werden, und halten Sie auf dem Höhepunkt der Welle (des Einatmens) den Atem kurz an.

Beenden Sie die Meditation, indem Sie ganz bewusst Ihren Körper spüren, sich erden, Finger und Zehen bewegen und scharf durch die Nase atmen.

Drei Übungen zur Einstimmung

Licht visualisieren[16]

Schließen Sie die Augen.

Spüren Sie Ihren Atem.

Werden Sie sich des Lichts Ihrer Umgebung bewusst (ganz gleich ob es Sonnenlicht ist oder Kunstlicht).

Nehmen Sie wahr, wie dieses Licht durch Ihre Augenlider dringt.

Stellen Sie sich vor, dass dieses Licht heller wird. Dass Sie von starken Lichtquellen umgeben sind. Wie das Licht von Scheinwerfern, wenn man auf einer Bühne steht.

16 Vereinfachte Form einer Lichtmeditation von Pir Vilayat Khan

Oder das helle Licht der Mittagssonne an einem wolkenlosen Himmel. Was immer Sie sich am leichtesten vorstellen können.

Stellen Sie sich vor, wie dieses helle Licht durch Ihre Augen und die Poren der Haut in Ihren Körper eindringt. Wie Ihr Körper von Licht erhellt und durchflutet wird.

Fokussieren Sie sich auf das Einatmen. Mit jedem Einatmen nehmen Sie noch mehr Licht auf.

Einatmen: Licht aufnehmen

Ausatmen: ohne besondere Vorstellung

Bleiben Sie eine Weile dabei.

Fokussieren Sie sich dann auf das Ein- und das Ausatmen.

Einatmen: Licht aufnehmen

Ausatmen: Licht ausstrahlen. Stellen Sie sich vor, wie Sie durch Ihre Augen und durch die Poren Ihrer Haut Licht ausstrahlen.

Bleiben Sie eine Weile dabei.

Lassen Sie dann diese Konzentration hinter sich, sitzen Sie einfach still, lassen Sie den Eindruck von Licht nachwirken.

Beenden Sie die Meditation, indem Sie sich erden, sich wieder in das Bewusstsein hineinbegeben, ein fester hautumgrenzter Körper zu sein, Zehen und Finger bewegen und etwas schärfer durch die Nase atmen.

Öffnen Sie die Augen. ❧

(Weitere Vorschläge für die Einstimmung auf Licht finden Sie in Teil VI, »Morgenmeditation«, Übung »Sich mit Licht füllen«.)

Einstimmung durch Tönen

Das weltbekannte Universal-Mantra ist »Om«. Dies ist eigentlich eine verkürzte Bezeichnung, vollständig ist es A-U-M, der Klang beginnt bei der größten Öffnung – A – und endet beim größtmöglichen Verschluss – M –.

Schließen Sie die Augen.

Spüren Sie Ihren Atem.

Bleiben Sie beim Atem, bis Sie merken, dass er sich ein wenig beruhigt hat.

Singen Sie dann »Om« auf einer Ihnen bequemen Tonhöhe.

Wiederholen Sie es einige Male.

Wenn Sie sich daran gewöhnt haben, öffnen Sie den Mund am Anfang mehr, sodass ein A-U-M daraus wird.

Ziehen Sie das »Aum« lang, bis ans Ende des Ausatmens.

Lassen Sie das Einatmen dann ganz ruhig und von selbst kommen.

Lassen Sie Ihr Bewusstsein weit werden, während Sie chanten. Beziehen Sie den umgebenden Raum mit ein, Ihr näheres und weiteres Umfeld, den Himmel, die Erde.

Spüren Sie, wie die Luft, die Sie mit allen Lebewesen teilen, in Ihrem Mund zu diesem heiligen Klang gestaltet wird.

Sie können das Mantra einige Male chanten, beispielsweise 30 Mal, 108 Mal, oder, wenn Sie nicht zählen wollen, einige Minuten lang bis zu einer Viertelstunde.

Sitzen Sie danach still, und lauschen Sie.

Einstimmung auf die Sonne durch Licht und Ton

In dieser Übung konzentrieren Sie sich auf die Sonne. Sie ist, ebenso wie die Erde und Sie selbst, nicht einfach nur ein Körper, ein Objekt, ein Stück Materie, sondern etwas Lebendiges, ein Lebewesen. Entwicklungsgeschichtlich gesehen, sind wir Kinder der Sonne.

Im Retreat können Sie sich – wenn die Idee Sie anspricht – Gelegenheit geben, einen intimen Kontakt mit der Sonne aufzubauen. Das geht besonders gut bei Sonnenaufgang, wenn Sie die Sonne begrüßen, und bei Sonnenuntergang, wenn Sie sich von ihr verabschieden.

Wenn Sie den Sonnenauf- oder -untergang von Ihrem Meditationsplatz aus sehen können, ist das natürlich wunderbar. Wenn nicht, können Sie es sich vorstellen. Machen Sie sich dabei bewusst, dass Sie sich auf der Erde immer und überall innerhalb des Strahlungsfeldes der Sonne befinden, also mit ihr in Berührung sind.

Mit der folgenden Übung verbinden Sie Licht, Klang und Ihre Beziehung zur Sonne.

In Indien trägt die Sonne den schönen Namen »Surya« (Betonung auf dem »y«, das wie »i« gesprochen wird: Suria).

Rufen Sie die Sonne bei diesem Namen.
Singen Sie diesen Namen zunächst auf einem Ton: »Su-ri-ya«.
Wählen Sie die angenehmste Tonhöhe.
Begrüßen Sie die Sonne, während Sie sie anrufen.
Spüren Sie ihre Gegenwart durch das Licht, das Sie wahrnehmen und das Ihren Körper berührt.

Lassen Sie den Klang des Namens auf sich wirken, beobachten Sie, wie die Frequenz Sie stimmt wie ein Instrument.

Baden Sie im (real wahrnehmbaren oder vorgestellten) Licht der Sonne.

Nachdem Sie den Namen viele Male gesungen haben, denken Sie ihn nur noch im Stillen beim Ausatmen.

Beim Ausatmen, den Namen denkend, dehnen Sie sich aus bis zur Sonne.

Beim Einatmen spüren Sie, wie die Sonne sich ausdehnt bis zu Ihnen.

Wenn Sie möchten, können Sie beim Einatmen Ihren eigenen Namen denken.

Sie können diese Meditation im Stehen ausführen, von Gesten begleitet, oder im Sitzen mit geschlossenen Augen.

Beenden Sie sie, indem Sie die Handflächen aneinanderlegen und sich verneigen.

Die sechs Meditationsthemen

Am Fluss des Lebens

Schließen Sie die Augen.

Spüren Sie Ihren Körper.

Nehmen Sie die Sinneseindrücke wahr.

Spüren Sie Ihren Atem.

Bleiben Sie mit Ihrer Aufmerksamkeit beim Atem, bis er sich ein wenig verlangsamt hat.

Stellen Sie sich Ihr Leben (im Sinne des Lebensablaufs) vor wie einen Strom, der von links (Vergangenheit) nach rechts (Zukunft) fließt. Er durchströmt Sie, und dort, wo Sie sich befinden, in der Mitte, ist die Gegenwart, Ihr gegenwärtiges Erleben.

Bleiben Sie bei diesem Bild, und lassen Sie es auf sich wirken, während Sie Ihren Atem spüren.

Drehen Sie den Kopf leicht nach links, in Richtung Vergangenheit, und stellen Sie sich an einem gedachten Punkt Ihre Geburt, die Zeit im Mutterleib, die Empfängnis vor.

Kommen Sie zurück in die Mitte, verweilen Sie in der Gegenwart.

Drehen Sie den Kopf leicht nach rechts in Richtung Zukunft, betrachten Sie die Bilder, die auftauchen, wenn Sie sich die unmittelbare und fernere Zukunft vorstellen und schließlich das Ende Ihres Lebens.

Kommen Sie zurück in die Gegenwart.

Spüren Sie Ihren Atem.

Nehmen Sie nun Abstand von dem Strom. Setzen Sie sich innerhalb Ihres Körpers zurück, so wie man sich in einem Sessel bequem zurücksetzen würde, begeben Sie sich innerlich mehr in die hintere Hälfte des Körpers (Rücken, Rückseite von Kopf, Armen und Beinen).

Bildlich stellen Sie sich dabei vor, am Ufer des Flusses zu sitzen. Er strömt nun nicht mehr durch Sie hindurch, sondern vor Ihnen vorbei.

Lassen Sie das Bild auf sich wirken.

Spüren Sie Ihren Atem.

Lassen Sie Bilder und Gedanken vorüberziehen, nehmen Sie sie wahr, aber folgen sie Ihnen nicht.

Spüren Sie Ihren Atem.

Als der Strom durch Sie hindurchfloss, haben Sie seine Bewegung gespürt; nun, am Ufer, befinden Sie sich außerhalb, unbewegt, und können vielleicht ein Gefühl von Zeitlosigkeit wahrnehmen.

Bleiben Sie dabei. Lernen Sie es kennen. Das Bild vermittelt Ihnen einen Eindruck von einem Teil Ihrer selbst, einer Ebene, auf der Sie Zuschauer sind, Zeuge des Geschehens, und sich als zeitlos erleben können.

Verweilen sie dabei. Spüren Sie Ihren Atem.

Prägen Sie sich das Gefühl gut ein. Geben Sie ihm einen Namen. Öffnen Sie Ihr Herz dafür. So können Sie jederzeit darauf zurückgreifen.

Beenden Sie die Meditation, indem Sie ganz bewusst Ihren Körper spüren und etwas schärfer durch die Nase atmen.

Öffnen Sie die Augen.

Die Höhle des Eremiten

Schließen Sie die Augen.

Spüren Sie Ihren Körper.

Nehmen Sie die Sinneseindrücke wahr.

Spüren Sie Ihren Atem.

Bleiben Sie beim Atem, bis er sich ein wenig verlangsamt hat.

Nun stellen Sie sich vor, sich vollständig von der Außenwelt zurückzuziehen. Wie ein Mönch oder eine Nonne begeben Sie sich in die Klosterzelle oder wie ein Eremit in seine Höhle.

Bevor Sie jedoch ganz in die Höhle oder Zelle gehen, werfen Sie noch einen Blick zurück in die Welt. (Sie werden sie ja nachher wiederfinden.) In Ihre Welt. Die Menschen, die Dinge, die Anliegen, die Ihnen wichtig sind.

Sollte es da ein Thema geben, das Sie sehr stark beschäftigt, eines, das Sie nicht so einfach loslassen können, wenden Sie sich dem Thema mit Körperzentrierter Herzensarbeit zu.

Danach begeben Sie sich im Geist in Ihre Höhle oder Zelle. Nun sind Sie ganz für sich und mit sich allein.

Stellen Sie sich vor, alle Sinne nach innen einzuklappen. Statt nach außen richtet sich Ihre Aufmerksamkeit nun nach innen.

Jetzt gibt es nur Sie. Keine Außenwelt mehr.

Sie sind bei sich, mit sich allein, in völliger Freiheit.

Alles ist zugänglich, aber von innen heraus. Wenn Sie an einen Menschen denken, erleben Sie ihn von innen her, als ob Sie dieser Mensch seien.

Wenn Sie an eine Blume, eine Pflanze, ein Tier, einen Stern denken, denken Sie nicht mehr an die äußere Form, sondern setzen sich von innen her in Verbindung, indem Sie erleben, wie es ist, dieses Wesen zu sein.

Wenn Sie an einen spirituellen Meister oder eine Meisterin denken, sehen Sie nicht mehr ihr Gesicht vor sich, sondern versetzen sich in ihn oder sie hinein, erleben seine oder ihre Stimmung.

An was auch immer Sie denken – statt auf den Ausdruck (äußere Erscheinung) richten Sie Ihre Aufmerksamkeit auf das Wesen (die Essenz), das sich durch die Erscheinung ausdrückt und in ihr verbirgt. Diese Essenz kann man aber nicht so wahrnehmen, wie man eine Form wahrnimmt, man kann nur erleben, wie es ist, sie zu sein.

Wenden Sie nun Ihre Aufmerksamkeit sich selbst zu.

Statt Ihren Körper oder das Bild, das Sie im Spiegel sehen, als »Sie selbst« wahrzunehmen, wenden Sie sich Ihrem Wesen, Ihrer inneren Essenz, zu. Folgende Fragen werden Ihnen auf die Spur des »Selbst« bringen:

Wer sitzt hier?

Wer atmet?

Wer bin ich?

Beantworten Sie diese Fragen nicht, suchen Sie auch nicht nach einer Antwort, sondern stellen Sie sie nur, und folgen Sie dann der Richtung, in die diese Fragen weisen, mit Ihrer Aufmerksamkeit, während Sie Ihren Atem spüren. Nach innen und immer tiefer nach innen, zu sich selbst.

Lassen Sie dann diese Konzentration hinter sich.

Lassen Sie sie nachwirken.

Werden Sie still.

Spüren Sie Ihren Atem.

Beenden Sie diese Meditation, indem Sie sich Ihres Körpers und Ihrer Umgebung bewusst werden. Nehmen Sie bewusst die Geräusche wahr, atmen Sie scharf durch die Nase und öffnen Sie die Augen.

Das wahre Wesen entdecken

Schließen Sie die Augen.

Spüren Sie Ihren Atem.

Nehmen Sie bewusst die Sinneseindrücke wahr.

Spüren Sie Ihren Körper.

Füllen Sie Ihren Körper aus mit Ihrem Atem, Ihrer Aufmerksamkeit, Ihrer Gegenwart.

Werden Sie sich dessen bewusst, wie Sie sich mit diesem Körper identifizieren, beispielsweise wenn Sie sagen »Ich bin müde« oder »Ich wurde geboren«.

Nehmen Sie bewusst wahr, wie es ist, sich mit diesem Körper zu identifizieren: »Aha, so ist es, sich mit einem menschlichen Körper zu identifizieren.«

Lernen Sie kennen, wie es ist, sich mit diesem Körper zu identifizieren.

Nehmen Sie bewusst wahr, wie Sie – als dieser Körper, durch diesen Körper, in diesem Körper – sehen und hören, riechen und schmecken und spüren. »Aha, so ist es, durch einen Körper eine körperliche Welt wahrzunehmen.«

Stellen Sie sich vor – oder machen Sie sich bewusst oder erinnern Sie sich daran –, dass Sie schon da waren, bevor dieser Körper da war, bevor Sie geboren wurden, bevor Sie im Mutterleib waren, bevor Sie gezeugt wurden.

Erwarten Sie keine Ergebnisse, keine Erinnerungen, Bilder oder Erkenntnisse, sondern lassen Sie einfach den Gedanken auf sich wirken: »Ich war schon da, bevor ich in diesem Körper war.«

Spüren Sie Ihren Atem.

Falls Bilder, Gefühle, Erkenntnisse dazu auftauchen, betrachten Sie sie.

Stellen Sie sich dann vor, dass Sie noch da sein werden, wenn dieser Körper nicht mehr da ist. Das Leben ist vorbei, der Körper zerfällt, Sie sind nicht mehr darin, aber Sie *sind* immer noch.

Auch hier erwarten Sie keine besonderen Erkenntnisse, Antworten oder Eindrücke, sondern lassen Sie nur den

Gedanken auf sich wirken: »Ich werde immer noch da sein, wenn dieser Körper schon vergangen und dieses Leben vorbei ist.«

Spüren Sie Ihren Atem, während Sie den Gedanken wirken lassen. Beobachten Sie die Bilder, Gefühle und Gedanken, die dabei auftauchen.

Kommen Sie dann zurück zu den Sinneseindrücken, in die Gegenwart, spüren Sie Ihren Körper.

Werden Sie sich des Raumes bewusst, in dem Sie sitzen, Ihrer Umgebung, Ihrer Lebensumstände. Aber jetzt sind Sie das, was Sie soeben entdeckt haben – das, was vor Ihrer Geburt schon da war und nach Ihrem Tod noch da sein wird. Nicht mit dem Körper identifiziert, nicht mit dieser Person, nicht den Grenzen der Körperlichkeit unterworfen, nicht den Gesetzen von Raum und Zeit. Ihr wahres Wesen.

Nehmen Sie wahr, wie es ist, als zeitloses, raumloses, grenzenloses Wesen in die Identifikation mit diesem Körper hineinzugehen.

Lernen Sie es kennen.

Verweilen Sie dabei, Ihren Atem spürend.

Enden Sie, indem Sie kräftig durch die Nase atmen, Ihre Hände und Füße bewegen und die Augen öffnen.

Sich selbst mit den Augen eines Meisters sehen

Schließen Sie die Augen.

Spüren Sie Ihren Atem.

Spüren Sie Ihren Körper.

Nehmen Sie die Sinneseindrücke wahr.

Bleiben Sie für einige Minuten dabei: Atem, Körper, Sinneseindrücke.

Stellen Sie sich dann einen spirituellen Meister vor. Ein hoch entwickeltes Wesen, Mann oder Frau, voller Güte, Weisheit und Mitgefühl, das die Fähigkeit hat, tief in Ihr Herz und Ihre Seele zu schauen. Nehmen Sie jemanden, den es real gibt oder gegeben hat, oder stellen Sie sich so jemanden vor.

Stellen Sie sich vor, dieser Mensch sitzt Ihnen gegenüber und verneigt sich vor Ihnen zur Begrüßung.

Sie spüren dann, wie seine Augen auf Ihnen ruhen, spüren einen Blick voller Güte, Liebe, Wärme, Mitgefühl und tiefem Respekt.

Lassen Sie diese Vorstellung auf sich wirken.

Nehmen Sie alle Gedanken und Gefühle, die in Ihnen dazu auftauchen, bewusst wahr. Öffnen Sie Ihr Herz für alle Emotionen, die diese Vorstellung auslöst, seien sie negativ oder positiv.

Spüren Sie Ihren Atem.

Werden Sie ganz still in der Gegenwart dieses Meisters oder dieser Meisterin.

Wechseln Sie dann die Perspektive.

Stellen Sie sich vor, dieser Mensch zu sein. Versetzen Sie sich in ihn hinein.

Schauen Sie durch die Augen und das Herz dieses Menschen auf sich selbst.

Verneigen Sie sich als dieser Mensch vor Ihrem Gegenüber, also vor Ihnen.

Schauen Sie sich selbst mit Güte, Liebe, Mitgefühl, Verständnis und tiefem Respekt an.

Lassen Sie diese Vorstellung wirken.

Betrachten Sie bewusst alle Bilder, Gedanken und Gefühle, die dazu auftauchen.

Nehmen Sie wahr, wie es sich anfühlt, dieser Mensch zu sein. Nehmen Sie die Stimmung wahr, das Gefühl, geben Sie ihm einen Namen, und prägen Sie es sich ein, damit Sie es wieder abrufen können.

Kehren Sie dann zurück in Ihre eigene Perspektive.

Verneigen Sie sich vor dem Meister oder der Meisterin, und bedanken Sie sich.

Prägen Sie sich noch einmal das Gefühl ein, das Sie kennengelernt haben, und nehmen Sie sich vor, es mitzunehmen.

Nehmen Sie die Sinneseindrücke wahr.

Spüren Sie Ihren Körper und Ihren Atem.

Öffnen Sie die Augen.

Die Sterbebett-Perspektive

Schließen Sie die Augen.

Spuren Sie Ihren Atem.

Nehmen Sie bewusst die Sinneseindrücke wahr.

Spüren Sie Ihren Körper.

Machen Sie sich bewusst, dass Sie in diesem Körper und durch diesen Körper anwesend sind und wahrnehmen können.

Schauen Sie nach links und denken Sie an Ihre Vergangenheit, Ihre Geschichte.

Schauen Sie nach rechts in Richtung Zukunft.

Irgendwo an einem Punkt rechts von Ihnen in der Zukunft liegt der Moment Ihres Todes.

Stellen Sie sich vor, dieser Moment läge nicht irgendwo in der Zukunft, sondern sei jetzt gekommen. Es ist jeden Moment zu Ende.

Wie wäre es, wenn Sie jetzt sterben, wenn Sie jetzt alles aufgeben müssten?

Was könnten Sie nicht aufgeben, woran halten Sie fest, woran hängen Sie? Was wollen Sie auf jeden Fall noch verwirklichen?

Was bedauern Sie, nicht verwirklicht zu haben?

Schauen Sie zurück auf Ihr Leben.

Ziehen Sie Bilanz.

Worauf sind Sie stolz? Worüber sind Sie glücklich?

Wen nehmen Sie mit in Ihrem Herzen?

Was hätten Sie gern anders machen wollen?

Welche unerfüllte Sehnsucht nehmen Sie mit? Was hätten Sie gerne noch getan, erreicht, gelebt, verwirklicht?

Wie schauen Sie auf sich selbst, auf die Person, die Sie (gewesen) sind und die Sie gleich hinter sich lassen werden?

Welche Qualitäten haben Sie in diesem Leben entwickelt?

Können Sie die Person, die Sie (gewesen) sind, mit den Augen der Liebe anschauen? Mit Mitgefühl, Verständnis und Achtung?

Stellen Sie sich diese und ähnliche Fragen. Aber beantworten Sie die Fragen nicht sofort aktiv, lassen Sie sie erst auf sich wirken. Betrachten Sie die Antworten, die auftauchen. Notieren Sie sich diejenigen, die Ihnen wichtig sind.

Kümmern Sie sich um alle auftauchenden Gefühle mit Körperzentrierter Herzensarbeit.

Wenn diese Sterbebett-Kontemplation beendet ist, kommen Sie zurück in die Gegenwart, in die Realität. Werden Sie sich der Sinneseindrücke bewusst.

Spüren Sie Ihren Körper.

Ihren Atem.

Erwachen Sie ins Jetzt.

Öffnen Sie die Augen.

Das Buch zuklappen

Schließen Sie die Augen.

Spüren Sie Ihren Atem.

Spüren Sie Ihren Körper.

Nehmen Sie bewusst die Sinneseindrücke wahr.

Werden Sie sich des Ortes bewusst, an dem Sie sitzen.

Werden Sie sich Ihrer Umgebung bewusst.

Werden Sie sich Ihrer Lebensumstände bewusst.

Werden Sie sich Ihrer Geschichte bewusst.

Schauen Sie nach links, in die Vergangenheit, bis hin zu Ihrer Geburt, Ihrer Empfängnis, Ihren Eltern, Ihren Vorfahren.

Schauen Sie nach rechts, in die Zukunft.

Dies ist der Roman Ihres Lebens. Die gegenwärtige Szene befindet sich auf der Seite, an der das Buch gerade aufgeschlagen ist.

Meditieren Sie darüber eine Weile.

Die Seiten, die Sie schon gelesen haben, die Seite, bei der Sie gerade sind, und diejenigen, die Sie noch nicht gelesen haben.

Lassen Sie diese Vorstellung wirken.

Spüren Sie Ihren Atem, und betrachten Sie die Gedanken, Bilder und Erkenntnisse, die dazu auftauchen.

Und nun stellen Sie sich vor, das Buch zuzuklappen.

Wachen Sie auf aus dem Roman. So wie man nach einer fesselnden Lektüre wieder in die Realität zurückkehrt.

Machen Sie sich, während Sie diese Anleitung lesen, keine Gedanken darüber, was das bedeutet, wie dieses Erwachen oder diese Realität aussieht und was dann in Ihrer meditativen Betrachtung geschehen soll.

Folgen Sie einfach der Anleitung, und schauen Sie, was passiert.

Es ist nur eine kleine Erinnerung, nichts weiter. 🦋

Wie Sie Ihr Retreat gestalten können

Nun haben Sie die Instrumente kennengelernt, die ich Ihnen vorschlage, um Ihr Retreat zu gestalten. Hinzu kommt die Körperzentrierte Herzensarbeit, die ich ausführlich in Teil IV vorgestellt habe.

Es liegt an Ihnen, jetzt den Zeitrahmen für Ihren Rückzug festzulegen und Ihre Vorbereitungen zu treffen wie im Kapitel »Ablaufplan für das spirituelle Retreat« geschildert.

Überblick über die Instrumente:

- Körperübungen (3 zur Wahl)
- Atemübungen (3 zur Wahl)
- Einstimmungen (3 zur Wahl)
- Meditationsthemen (6 zur Wahl)
- Körperzentrierte Herzensarbeit (nach Bedarf einsetzen)
- Unterbrechungen (3 zur Wahl)

Darüber hinaus finden Sie weitere Anregungen im Kapitel »Morgenmeditation« und »Abendmeditation«.

Das grundsätzliche Ablaufschema:

- Körperübung
- Atemübung
- Einstimmung
- Meditation (beziehungsweise Herzensarbeit)
- Unterbrechung

Natürlich müssen Sie es nicht immer wortwörtlich befolgen, aber verstehen Sie den Sinn: Körper, Energiefeld, Geist und Psyche werden auf die Meditation vorbereitet, und es gibt eine ausgewogene Verteilung zwischen körperlichen und geistigen Aktivitäten.

Das sind alle erforderlichen Elemente, aus denen Sie ein- oder mehrtägige spirituelle Retreats zusammenstellen können.

Bei mehrtägigen Retreats schlage ich vor, den Ablaufplan für den jeweiligen Tag am Abend des vorigen Tages zu gestalten (statt am Anfang für alle Tage auf einmal). Dann können Sie bereits auf Erfahrungen zurückgreifen und wissen besser, wie lange Sie für welches Element brauchen oder wie viele Übungen Sie hintereinander vertragen können.

Der beschriebene Ablauf eignet sich für Sie, wenn Sie die gesamte Zeit konsequent für Meditation und spirituelle Übung nutzen möchten.

Falls Sie sich nur einen Tag Zeit nehmen können oder wollen, könnte vielleicht die Herzensarbeit der wichtigste Part sein, da es vielleicht einige Themen gibt, über die Sie sich Klarheit verschaffen möchten, oder einige Probleme, die es zu lösen gilt.

Eintägiges Intensiv-Retreat mit Herzensarbeit und spirituellen Übungen

Gestalten Sie die Frühmeditation und den abendlichen Part nach demselben Ablaufschema, das ich im vorigen Kapitel beschrieben habe. Am Vormittag und am Nachmittag machen Sie Körperzentrierte Herzensarbeit (s. Teil IV). Leiten Sie jede Sitzung Herzensarbeit mit Körperübungen ein. Unterbrechen Sie die Sitzung zu einem Thema, sobald Sie das Bedürfnis danach verspüren. Voraussichtlich sieht dann der Tagesablauf so aus:

Nach dem Aufstehen, vor dem Frühstück:
Leichte Körperübung
Lichtmeditation
Stilles Sitzen
Frühstück
Körperübung
Körperzentrierte Herzensarbeit
Unterbrechung (Gehen, Trinken, Imbiss)
Körperübung
Herzensarbeit
Mittagessen
Leichte Körperübung
Herzensarbeit
Unterbrechung
Körperübung
Herzensarbeit
Abendessen
Einstimmung (aus den drei Übungen zur Einstimmung)

Themenmeditation (aus den sechs Themen) nach Wahl
Stilles Sitzen

Was die Körperübungen betrifft: Wählen Sie aus den drei
Optionen (s. Unterkapitel »Die drei Körperübungen«) jeweils diejenige aus, die Ihnen gerade am sinnvollsten erscheint oder Sie am meisten anzieht.

Auf Atemübungen zur Einleitung der Herzensarbeit würde ich verzichten, ebenso auf die Übungen zur Einstimmung. Die Einstimmung in die Körperzentrierte Herzensarbeit soll kurz sein und ungefähr so ablaufen:

- Schließen Sie die Augen.
- Nehmen Sie bewusst die Sinneseindrücke wahr.
- Spüren Sie Ihren Körper.
- Spüren Sie Ihren Atem.
- Verbinden Sie sich mit Himmel und Erde.
- Sammeln Sie sich dann im Herzen, und fragen Sie sich,
  welches Thema Ihnen jetzt wichtig ist.

Nun haben Sie Ihr Thema. Konkretisieren Sie es jetzt, indem
Sie an die betreffende Situation denken (oder eine solche Situation), und damit haben Sie Ihre Ausgangssituation.

Und dann beginnt die Körperzentrierte Herzensarbeit:

- Die Ausgangssituation visualisieren
- Den dazugehörigen Körperzustand bewusst erleben
- Das (ein) Gefühl darin entdecken und bewusst fühlen
- Herz öffnen für das Gefühl (Schlüsselworte anbieten)
- Eventuell als Fremdgefühl zurückgeben
- Zurück in die Ausgangssituation, Veränderung prüfen

Auf diese Weise können Sie sich pro Sitzung etwa eine Stunde lang – manchmal weniger, manchmal mehr – durch Ihr Thema arbeiten, bei Bedarf unterbrochen durch Gehen wie bereits in Teil IV, »Universalwerkzeuge für den Besinnungs-Rückzug« beschrieben.

Am Schluss die wichtigsten Gefühle notieren, vor allem diejenigen Gefühle, die Sie weiter im Auge behalten wollen: die positiven, die Sie »pflegen« möchten, und die Grundschmerzen, die Sie erkennen möchten, falls sie wieder ausgelöst werden sollten.

Nach dem Abendessen und vor der vorgeschlagenen Meditation können Sie eine Rückschau durchführen, sich eventuell noch Notizen machen und sich etwas vornehmen. Hier ein paar Beispiele: »Das Gefühl von Ablehnung werde ich bemerken, wenn es auftaucht, und es sofort als Gefühl wahrnehmen statt als Tatsache. Ich bin gespannt, wie die Situationen sich dann verändern.« Oder: »Ich werde üben, morgens als Erstes und abends als Letztes das neu entdeckte Gefühl von Freiheit zu fühlen, und ich werde mich tagsüber immer wieder daran erinnern und es auch bewusst in bestimmte Situationen mitnehmen. Ich werde beobachten, was geschieht, wenn ich dieses Gefühl in meinem Herzen halte.«

Beenden Sie den Tag mit Meditation und rituellem Abschluss.

Rückzug für zwei Tage oder ein Wochenende

Wenn Sie zwei Tage zur Verfügung haben, können Sie etwas tiefer eintauchen als bei einem eintägigen Rückzug.

Wenn Sie nicht meinem sehr intensiven »Ablaufplan für das spirituelle Retreat« (s. Teil VII) folgen möchten, sondern sich erst etwas ausführlicher Ihrem körperlichen und emotionalen Wohlsein und dann den spirituellen Übungen widmen möchten, können Sie wie folgt vorgehen:

Erster Tag

Widmen Sie den *ersten halben Tag* Ihrem körperlichen Wohlsein. Entladen Sie Ihren Körper, »entswitchen« Sie Ihr Gehirn, wie in Teil IV beschrieben. Spüren Sie in Ihren Körper hinein, und geben Sie ihm, was ihm jetzt guttut, ob es ein Bad ist oder ein Spaziergang, oder meine Körperübungen (s. »Die drei Körperübungen«).

Widmen Sie die *zweite Tageshälfte* der Körperzentrierten Herzensarbeit mit den Themen, die angeschaut werden wollen. Unterbrechen Sie die Herzensarbeit bei Bedarf durch Gehen, Imbisspause, Körperübung, Atemübung.

Widmen Sie den *Abend* des ersten Tages der Meditation. Wählen Sie unter den sechs Meditationsthemen das aus, das jetzt für Sie passt. Vergessen Sie nicht die Körper- und Einstimmungsübungen vorweg.

Zweiter Tag

Gestalten Sie die *Früh-Session vor dem Frühstück* wie im »Ablaufplan für spirituelle Retreats« beschrieben mit Körper-, Licht- und Klangübung sowie stiller Meditation.

Widmen Sie den *Vormittag* je nach Bedarf der Körperzentrierten Herzensarbeit oder/und einem oder zwei der vorgeschlagenen Meditationsthemen, und den *Nachmittag* des zweiten Tages Übungen mit Licht und Klang sowie zwei bis drei weiteren Meditationsthemen.

Beachten Sie aber mein Ablaufschema, und leiten Sie jede Meditation mit Körperübung, Atemübung und Einstimmung ein.

Widmen Sie den *Abend* dem rituellen Abschluss Ihres Rückzugs und einer stillen Meditation.

Mehrtägige Intensiv-Retreats

Drei Tage

(Alternativer Ablauf, falls Sie nicht meinem »Ablaufplan für spirituelle Retreats« folgen wollen, sondern mehr Zeit für Ihr körperliches und emotionales Wohlsein brauchen.)

Widmen Sie den *ersten Tag* Ihrem Körper und Ihren emotionalen Themen wie beim zweitägigen Retreat.

Lassen Sie am *zweiten Tag* alles weit hinter sich, auch Ihre Themen. Gönnen Sie sich, ganz nach innen zu gehen und andere Dimensionen Ihres Wesens kennenzulernen. Gestalten Sie den Tag wie im Ablaufplan spiritueller Retreats beschrieben.

Widmen Sie den *dritten Tag* der Betrachtung Ihres Lebens aus höherer Perspektive (Einstimmung auf Licht, Atemübung Himmel und Erde, Meditationsthemen aus der Liste der sechs Themen auswählen) sowie am Schluss, falls sich dabei noch wichtige Themen auftun, der Körperzentrierten Herzensarbeit.

Vier Tage

(Alternativer Ablauf, falls Sie nicht meinem »Ablaufplan für spirituelle Retreats« folgen wollen, sondern mehr Zeit für Ihr körperliches und emotionales Wohlsein brauchen.)

Widmen Sie den *ersten Tag* Ihrem körperlichen Wohlsein, Ihrer Freiheit, Ihrer Entspannung. Lassen Sie die Welt ganz hinter sich, und seien Sie nur für sich da. Was tut Ihnen heute körperlich gut?

Widmen Sie den *zweiten Tag und die erste Hälfte des dritten* Tages Ihrem emotionalen Wohlsein, indem Sie sich die Themen, die Probleme, die Wünsche und Sorgen anschauen, die Sie beschäftigen (Körperzentrierte Herzensarbeit).

Widmen Sie die *zweite Hälfte des dritten Tages und den ganzen vierten Tag* Ihrer Seele. Gestalten Sie diesen Teil Ihres Retreats anhand des Ablaufplans für spirituelle Retreats.

Fünf Tage (alternativer Ablauf)

Widmen Sie den *ersten Tag* Ihrem körperlichen Wohlsein.

Widmen Sie den *zweiten und dritten* Tag der Körperzentrierten Herzensarbeit.

Widmen Sie den *vierten Tag und die erste Hälfte des fünften* Tages den spirituellen Meditationsthemen wie im »Ablaufplan für spirituelle Retreats« beschrieben.

Beginnen Sie den *Nachmittag des fünften Tages* damit, Ihr Leben und vor allem die Zeit, die vor Ihnen liegt, aus höherer Perspektive anzuschauen. Sie haben das in den Meditationen der letzten anderthalb Tage geübt.

Nehmen Sie die Entdeckungen, die Sie dabei gemacht haben, bewusst mit, notieren und verankern Sie sie in Ihrem Gedächtnis.

Widmen Sie den Rest des Tages der Betrachtung der unmittelbaren Zukunft, dem, was nach dem Retreat auf Sie zukommt, und der Körperzentrierten Herzensarbeit zu den Themen, die dabei auftauchen.

Teil VIII

Weitere Tipps und Anregungen

Worauf Sie bei der spirituellen Übung besonders achten sollten

Unterdrücken Sie auftauchende Gedanken und Gefühle nicht, sondern nehmen Sie sie bewusst wahr.

Nehmen wir einmal an, Sie erleben am zweiten Tag Ihres spirituellen Retreats eine großartige Erkenntnis, eine sehr hohe Stimmung, einen tiefen Frieden, eine Erleuchtung. Für einen kleinen Moment blitzt Stolz auf. Natürlich erklären Sie diesen Stolz sofort für lächerlich, überheblich, dumm.

Somit haben Sie Ihre hohe Bewusstheit wieder verloren. Wodurch? Nicht dadurch, dass Sie stolz waren! Sondern dadurch, dass Sie auf Ihre Gedanken und Gefühle hereingefallen sind und sie nicht als solche erkannt haben. Sie haben sich erst mit dem Stolz identifiziert, als sei er eine Tatsache, und gleich darauf mit dem Gedanken, dass man nicht stolz sein dürfe.

Stattdessen: Bleiben Sie wach und aufmerksam. Sie erleben eine Erleuchtung – nehmen Sie sie bewusst wahr, ebenso die Stimmung, die dazugehört. Dann taucht ein Gefühl von Stolz auf – nehmen Sie es bewusst wahr als etwas, das Sie fühlen, nicht als etwas, das Sie sind. Dann taucht der

249

Gedanke auf, Stolz sei lächerlich, verboten, falsch: Nehmen Sie ihn bewusst wahr. Als Gedanken. Gedanken sind einfach Gedanken. Sie müssen sich nicht mit ihnen identifizieren. Sie können sie auch wahrnehmen.

Das gilt auch für Gefühle.

Machen Sie sich »neutrale Wahrnehmung« (Wahrnehmung kann nur neutral sein, sonst ist es keine Wahrnehmung, sondern Interpretation oder Projektion) zur Grundhaltung Ihres gesamten spirituellen Retreats und überhaupt Ihrer spirituellen Praxis, dann kann nichts schiefgehen. Was immer geschieht, bleiben Sie Wahrnehmende. Sie hören Engelsharfen, sind zutiefst erschüttert, sind angesichts der Größe des Kosmos in Ekstase geraten oder Sie fühlen sich schuldig, schlecht, miserabel – bleiben Sie da. Bewusst. Nehmen Sie Gefühle als Gefühle und Gedanken als Gedanken wahr. Öffnen Sie Ihr Herz für alle Gefühle.

Wenn Sie große Erkenntnisse gewonnen haben, versteinern Sie nicht darin, machen Sie keine Glaubenssätze daraus. Wenden Sie sie im täglichen Leben an, und beobachten Sie, wie Ihr Leben, Ihre Perspektive, Ihr Verhalten sich dadurch ändert oder auch nicht. Bleiben Sie stets offen für neue Erkenntnis.

Weiterüben im Alltag

Was auch immer Sie in Ihrer Auszeit gewonnen haben: Sie sind sicher daran interessiert, dass es Früchte trägt, nicht nur ein paar Tage oder Wochen, sondern als greifbare Veränderung, Verbesserung in Ihrem Leben oder als fortschreitender Prozess des Erwachens.

Dazu müssen Sie am Ball bleiben. Eine gewisse Disziplin ist dabei hilfreich. Wenn ich mir vornehme, ab und zu mal zu meditieren oder eine Auszeit zu machen, geht das Projekt im Allgemeinen unter. Es gibt so viele drängendere oder verlockendere Sachen oder es ist nie Zeit oder nicht der richtige Moment.

Eine feste Verabredung mit mir selbst hingegen, eine Routine, an die ich mich eisern halte, egal wie die Umstände sind: Das hat Chancen.

Sie können für sich selbst entscheiden, welche Disziplin zu Ihnen passt, wie viel Zeit Ihnen die Seelenpflege wert ist und wie viel Zeit Sie realistischerweise aufbringen können. Beispiele:

- jeden Morgen 15 (20, 30) Minuten oder/und
- jeden Abend 15 (20, 30) Minuten,
- zweimal pro Woche eine halbe Stunde (Tag und Uhrzeit festlegen),
- einmal pro Woche eine Stunde,
- einmal pro Monat einen Tag,
- zweimal pro Jahr drei Tage,
- einmal pro Jahr fünf Tage.

Für die Körperzentrierte Herzensarbeit ist eine gute Routine:
- immer wenn ein Thema ansteht, zwanzig Minuten bis eine Stunde, je nachdem, wie komplex das Thema ist,
- regelmäßig, jeden Morgen oder Abend, eine Viertelstunde,
- regelmäßig, einmal pro Woche, eine halbe bis eine Stunde,
- ständig, von morgens bis abends, sich an »bewusst fühlen« erinnern, bei jeder Begegnung wach sein: »Wem gehört dieses Gefühl?«

Vielleicht möchten Sie gar nichts planen und lieber alles spontan entscheiden. Dann machen Sie Spontaneität zu Ihrer Routine!

Und ganz generell:

- Jeden Gang von A nach B, jede Zwischenphase zwischen zwei Aktivitäten, Treffen oder Aufgaben als kleine persönliche Auszeit nutzen.
- Sich immer wieder daran erinnern, den Atem zu spüren.
- Drei Atemzüge:
  - Mit dem ersten ziehe ich meine Aufmerksamkeit zu mir in meinen Körper.
  - Mit dem zweiten fühle ich mich.
  - Mit dem dritten nehme ich die Außenwelt (die Situation) bewusst und mit Abstand wahr.

Und nicht vergessen:

- Sich mindestens einmal täglich, und immer bei Stress, entladen
- Nach Computer-, Handy-, Tablet-Nutzung: entswitchen

Gegenwärtig sein statt in Gedanken

Nehmen wir einmal an, Sie sind von Pommes frites besessen. Ständig haben Sie Pommes frites im Kopf, sehen sie, riechen sie, schmecken sie. Haben Sie sie mal für ein paar Momente vergessen, dann werden Sie durch eine Werbung, ein Plakat etc. daran erinnert.

Nun sage ich Ihnen: Vergessen Sie Pommes frites. Denken Sie nicht mehr daran.

Was passiert?

Sie denken an Pommes frites und daran, dass Sie nicht an sie denken sollten.

Wie kommen Sie weg von der Sucht, an Pommes frites zu denken?

Es gibt zwei Wege:

- A: Sie denken an etwas anderes. Am besten an etwas, das Sie begeistert, Sie interessiert oder das Sie lieben.
- B: Sie denken einmal richtig an Pommes frites. Mit voller Absicht und Konzentration.

Die Pommes frites stehen hier als Sinnbild für Gedanken. Wir denken und denken und denken, und nun haben wir uns vorgenommen, uns mal von allem zurückzuziehen, aber wir kommen weder zur Ruhe noch finden wir Frieden noch können wir uns auf Meditation konzentrieren. Denn da sind diese Gedanken.

Es ist schwer bis unmöglich, nicht zu denken. Der Versuch, nicht zu denken, ist auch schon wieder Denken. Einfach die Sinneseindrücke wahrzunehmen, ohne Gedanken, gleicht einer Sisyphusarbeit. Jedoch ist es möglich, der Aufmerksamkeit eine andere Richtung zu geben. Das ist im Pommes-frites-Sinnbild gemeint mit Lösung A.

Die Achtsamkeitsübung besteht darin, die Aufmerksamkeit nicht auf die Gedanken zu richten, sondern auf das, was wir mit unseren Sinnesorganen wahrnehmen. Aber für viele ist das eine schwierige, langweilig erscheinende Übung. Was tun, wenn das, was wir wahrnehmen, uns nicht interessiert? Wenn wir deprimiert, bedrückt, erschöpft sind? In einem geleiteten Seminar, einer geleiteten Meditationsübung läuft es ganz wunderbar, aber dann zu Hause, zurück im Alltag?

Das volle lebendig Sein, das volle Ausschöpfen der Sinneseindrücke, das erquickende, erleuchtende Spüren, Hören, Sehen, Schmecken, Riechen befällt uns manchmal in besonderen Momenten. Auf einmal sind wir hellwach, ganz da, und uns fällt plötzlich auf, wie unglaublich, wie ungeheuerlich, wie wunderbar alles ist, was wir wahrnehmen. Es ist wie frisch Verliebtsein. Aber wenn man versucht, dieses Gefühl herzustellen, klappt es nicht.

Daher rate ich zu Lösung B: Einmal absichtlich und aufmerksam an Pommes frites denken, sprich die Aufmerksamkeit auf die Gedanken richten (statt versuchen, diese zu beseitigen oder von ihnen wegzuschauen). Woran denken Sie gerade? Gibt es einen Kern, um den Ihre Gedanken kreisen? Nehmen Sie das aufmerksam wahr. Nehmen Sie auch wahr, wie Ihr Körper sich anfühlt und hält, während Sie diese Gedanken denken. Nehmen Sie wahr, welches Gefühl in diesem Körperzustand steckt und mit diesen Gedanken verbunden ist. Nehmen Sie wahr, was dieses Gefühl von Ihrem Herzen möchte (Herzensschlüssel durchprobieren).

Mit anderen Worten: Statt sich von Ihren Gedanken absorbieren zu lassen, nehmen Sie sie bewusst wahr, schenken ihnen konzentrierte Aufmerksamkeit, indem Sie sie nicht nur zur Kenntnis nehmen, sondern auch spüren (körperlich) und fühlen (emotional) und mit dem Herzen wahrnehmen. Also Körperzentrierte Herzensarbeit.

Danach herrscht Frieden in Ihrem Kopf, und Sie hören die Vögel wieder zwitschern und erwachen zur Gegenwart.

Das gleiche Prinzip können Sie anwenden, wenn es gar nicht ein bestimmtes Thema ist, das Ihre Gedankentätigkeit aktiv hält, sondern wenn es »Denken an sich« ist, das Sie nicht lassen können. Fieberhafte Aktivität im Kopf. Unmöglich abzustellen. Machen Sie Körperzentrierte Herzensarbeit damit! Wie fühlt es sich an, dauernd zu denken? Welches Gefühl können Sie darin entdecken? Was braucht dieses Gefühl von Ihrem Herzen? Oder umgekehrt: Stellen Sie sich vor, Sie würden das Denken abstellen. Was macht diese Vorstellung mit Ihnen, welcher Körperzustand stellt sich dabei ein, welches Gefühl steckt darin? Das zielt darauf, das Gefühl zu erkennen, das Sie zu vermeiden suchen, indem Sie ständig mit Gedanken beschäftigt sind. Wenn Sie aber dieses Gefühl entdeckt, gefühlt und ins Herz geholt haben, werden Sie das Manöver »Ständig mit Gedanken beschäftigt sein« nicht mehr brauchen.

Tipps für die Auszeit im Alltag

- Erinnern Sie sich immer wieder an Ihr »inneres Königreich«. Pflegen Sie es, indem Sie sich so oft wie möglich Auszeit von der Außenwelt nehmen und sich um Ihre Innenwelt kümmern. Egal ob es für eine Minute, eine Stunde oder einen Tag ist.
- Koordinieren Sie Bewegungen mit Ihrem Atem, zum Beispiel beim Kochen, beim Schreiben, beim Gehen. Das hilft, bei sich zu sein, sich zu sammeln.
- Wenn Sie mit Menschen zusammen sind, interagieren, reden, diskutieren oder plötzlich jemanden treffen, erinnern Sie sich, bei sich zu sein statt bei den anderen. Sie spüren Ihren Körper, achten darauf, wie Sie sich fühlen, und ob das Ihr eigenes Gefühl ist oder das eines

anderen. Schaffen Sie sich ein kleines Mantra, das Ihnen hilft, sich zu erinnern. Zum Beispiel: »Bewusst fühlen. Zurückgeben.«

- Wenn es Ihnen mal nicht gut geht, erinnern Sie sich an die Herzensarbeit. Ich finde sie wirksamer als manche Gegenmaßnahme. Beispiel: Ich bin ganz durcheinander, habe den Eindruck, dass meine Energie sich in alle Richtungen zerstreut, kann mich auf nichts konzentrieren. Eine Gegenmaßnahme wäre, meine Energie zusammenzuziehen, ins Zentrum zu bringen, im Geist oder mit Bewegungen bzw. Gesten. Körperzentrierte Herzensarbeit hingegen: Ich nehme den Zustand bewusst wahr, erlebe ihn, achte darauf, wie ich mich darin fühle. Zum Beispiel »verwirrt« oder »zerstreut«. Ich lerne das Gefühl von Verwirrtheit oder Zerstreutheit kennen und frage mich, was es von meinem Herzen braucht – beispielsweise, dass es wahrgenommen wird, da sein darf, dass es Erbarmen bekommt, ich mich also darum kümmere, und dass es als Gefühl wahrgenommen wird statt als Tatsache. Ergebnis: Auf einmal bin ich wieder da. Und merke, dass ich vorher nicht da war, sondern verschwunden in dem zerstreuten oder verwirrten Zustand. Nun brauche ich kein Gegenmittel mehr, denn das Gefühl von Verwirrung oder Zerstreutheit ist nun einfach ein Gefühl, das ich in meinem Herzen wahrnehme, statt eines Zustands, der mich einnimmt. Wenn ich auf es achte, macht es mich vielleicht sogar auf etwas aufmerksam, das ich zum Beispiel ändern oder einmal bemerken sollte.
- Achten Sie darauf, mit wem Sie Ihre Erholungs-Freizeit verbringen! Wenn Sie miteinander aktiv sind, wie etwa

beim Sport, beim Wandern, beim Besuch von Theater oder Kino, ist es nicht so wichtig; aber wenn Sie sich der Passivität hingeben, sich entspannen, sich gehen lassen, dann achten Sie darauf, dies nicht in Gegenwart von Personen zu tun, von denen ein schwächender, hypnotisierender oder deprimierender Einfluss ausgeht, die Sie also »herunterziehen«.

Im passiven Freizeit-Modus sind Sie sehr empfänglich. Da ist es gut, sich träumend, dösend oder meditierend vom eigenen Geist oder von den höheren Ebenen inspirieren zu lassen oder von einer Person, die aufbauend auf Sie wirkt. Im Beisein von negativ gestimmten oder Ihnen feindselig gesinnten Menschen bleiben Sie besser im aktiven Modus, also eher redend und handelnd als aufnehmend oder passiv, um keine Negativität zu absorbieren.

Menschen beeinflussen uns, auch wenn kein Wort gewechselt wird, durch ihre Stimmung, ihr Gefühl, ihre Art zu denken. Unbewusst fühlen wir das alles, und wenn wir nicht wach und bewusst sind, überträgt sich etwas davon auf uns, schwächt uns, verdunkelt unsere Stimmung.

Der Schlaf – unsere tägliche Auszeit

Die Natur hat uns eine wunderbare regelmäßige Auszeit vom Leben, vom Alltag, von Problemen, Anforderungen, Stress beschert: den Schlaf. Wenn Sie mich in früheren Zeiten gefragt hätten, was man tun kann, um diese tägliche Auszeit zu pflegen, hätte ich gesagt: nicht zu spät ins Bett gehen, dafür sorgen, dass Sie nicht auf einer Wasserader liegen und abends keinen Kaffee oder Grüntee trinken. Ganz einfach. Wenn man zu viele Gedanken im Kopf hat, hilft es, die Waden kalt abzuduschen. Dann geht das Blut statt in den Kopf in die Waden, und man wird müde und kann einschlafen.

Heute ist das etwas ganz anderes. Mobilfunk und Elektrosmog können zu Unruhe, einem Gefühl elektrischer Hitze, zu Einschlaf- und Durchschlafstörungen führen. Bei vielen Menschen ist der Schlaf ganz oberflächlich geworden. Was tun?

Umziehen. Abschalten. Das werden Sie aber wahrscheinlich nicht wollen oder sich nicht zutrauen.

Da kann ich Ihnen nur einige hilfreiche Tipps geben, die die Situation verbessern können:

- Prüfen (lassen), ob Sie auf einer Wasserader schlafen, in diesem Fall Bett versetzen.
- Nicht zu dicht an Steckdosen schlafen, wenn das Bett von Steckdosen umgeben ist, es einen halben Meter von der Wand abrücken. Das kann Wunder bewirken.
- Oder nachts komplett den Strom (die Sicherungen) ausschalten. Oder einen Netzfreischalter einbauen lassen. (Muss aber fachmännisch gemacht werden, sonst funktioniert es nicht.)
- Handy, WLAN und Schnurlostelefon ausschalten. Das Handy nicht als Wecker nutzen, sondern in ausgeschaltetem Zustand weit entfernt deponieren.
- Auch keinen Radiowecker am Bett aufstellen, keinen Computer.
- Sich vor dem Schlafen entladen (s. »Den Körper entladen« in Teil IV).

- Es gibt sehr gute homöopathische Mittel, die den Schlaf fördern, wie Coffea, wenn man Gedanken nicht abstellen kann und unruhig ist, oder Avena Sativa, das die Nerven beruhigt, und einige andere. Lassen Sie sich beraten.
- Achten Sie darauf, ob Sie genügend Magnesium und Zink zu sich nehmen. Ghee (gereinigtes Butterfett, ayurvedisch) mit heißer Milch oder Hafermilch kann die Ausschüttung des Schlafhormons Melatonin verstärken. Die Melatonin-Produktion wird laut wissenschaftlicher Untersuchungen durch Mobilfunk gestört. Melatonin als Nahrungsergänzungsmittel kann vorübergehend helfen, ist aber dauerhaft wahrscheinlich nicht zu empfehlen, da es möglicherweise abhängig macht.

Wenn Sie sich entladen, Elektrosmog neutralisiert haben und nicht auf einer Wasserader schlafen, sollten Sie bereits viel besser schlafen können. Es sei denn, Sie bekommen viel Funk aus der Nachbarschaft herein, beispielsweise WLAN von Nachbarn, oder Sie haben eine Mobilfunkantenne vor dem Haus. In diesem Fall hilft Abschirmung – bis zu einem gewissen Grad. Im Internet finden Sie alles über Abschirmungsmaterialien, Baldachine[17] fürs Bett, Wandfarben, Tapeten, Vorhänge, Schutzfolien.

17 Wichtig: Falls Sie einen Schutzbaldachin fürs Bett kaufen: Es gibt welche aus Baumwolle. Vorteil: Man muss sie nicht erden. Nachteil: Sie schirmen den Hausstrom nicht ab. Wenn Sie nicht ebenerdig wohnen, müssen Sie auch unter dem Bett abschirmen. Schutzstoffe aus Kunststoff müssen geerdet werden. Diese schirmen auch Hausstrom ab.

Der letzte Rückzug

Eines Tages werden wir alle uns zurückziehen müssen. Aus diesem Körper, diesem Leben, dieser Persönlichkeit, der Welt, wie wir sie kennen. Ob wir das wollen oder nicht, spielt dabei keine Rolle. Wann das sein wird, wissen wir nicht. Nur dass es so sein wird, ist sicher.

Ich finde es daher sinnvoll, sich ab und zu damit zu konfrontieren:

- Was würde mir fehlen, wenn ich jetzt schon auf alles verzichten müsste, was zu meinem Leben, wie ich es kenne, gehört?
- Was würde ich bedauern, nicht getan, nicht erreicht, nicht erlebt zu haben?
- Welche Qualität, welche Fähigkeit, die mir wichtig ist oder war, habe ich versäumt, zu entwickeln? Welche Angst nicht überwunden, welche Sehnsucht nicht erfüllt?
- Werde ich einmal sagen müssen »Ach, hätte ich dir doch gezeigt, wie sehr ich dich liebe.«?

Diese Auseinandersetzung kann Thema eines Retreats sein. Sie finden dazu eine Meditationsanleitung unter dem Stichwort »Die Sterbebett-Perspektive« in Teil VII, »Die sechs Meditationsthemen«.

Der Tod ist in unserer Gesellschaft tabu. Als wäre er etwas Ungewöhnliches, etwas, das nur selten, wenn überhaupt, eintritt, und das so ungeheuerlich ist, dass man es lieber nicht in sein Bewusstsein lässt. Wenn jemand unerwartet stirbt, den wir lieben, lässt uns das schockiert, fassungslos, verständnislos zurück. Als sei das eigentlich unmöglich. (Was natürlich auch stimmt, unsere Lieben sind nicht tot, sondern nur aus unserem Blickfeld verschwunden. Wir können sie nur mit unseren körperlichen Sinnen nicht mehr wahrnehmen.)

Aber wir sterben alle, und daran ist absolut nichts Ungewöhnliches. Es ist dieser Gedanke, der unserem Leben Größe, Tiefe, Intensität verleiht. Immer wenn wir mit dem Tod konfrontiert werden, merken wir auf einmal, wie bedeutungsvoll alles ist, wie sehr es unser Herz berührt und wie viel Schönes existiert. Ohne das Bewusstsein des Todes würden wir möglicherweise alles banal finden.

Ab und zu setze ich mich mit meinem Tod auseinander. Mache mir bewusst, dass ich alles stoppen, aufhören, aufgeben muss, dass alles mir genommen wird, was mir jetzt Freude macht, das mir wichtig ist, wonach ich süchtig und was ich gewohnt bin. Meinen Körper. Mein Haus. Meine Beziehung. Meine Sachen. All die Projekte, die ich nur angefangen, nie zu Ende gebracht habe. Die Talente, die ich nicht genutzt habe. Und, und, und …

Und mache diese Gedanken zum Gegenstand einer Körperzentrierten Herzensarbeit. Das ist immer die einfachste und zugleich die tiefste Herangehensweise.

Nach und nach öffne ich mein Herz für die Sehnsucht, das Bedauern, die Trauer, für die Ängste, die mich gehindert haben, für die Wünsche, die ich mir nie richtig erfüllt habe … Nachdem ich mich auf diese Weise durch die negativen Aspekte hindurchgefühlt habe, lasse ich auch die positiven zu. Würdige endlich einmal, was ich geschafft habe, was ich getan, ausgehalten, durchgehalten, erlitten und durchgestanden habe, und hole die positiven Gefühle, die ich daraus beziehe, ins Herz. Den Stolz, den ich mir nie genehmigt habe. Die Zufriedenheit. Erfülltheit. Die Freude.

So ziehe ich Bilanz, als sei mein Leben jeden Augenblick zu Ende. (Was ja auch sein kann.)

Wie viel Zeit braucht ein solches Retreat? Das hängt davon ab, wie alt Sie sind, wie viel Sie zu bearbeiten haben, wie gut Sie in der Körperzentrierten Herzensarbeit zu Hause sind, wie gut Sie in der Lage sind, Ihre Gefühle, wenn sie auftauchen, sofort bewusst wahrzunehmen, statt in ihnen zu versinken.

Ich finde, das Thema verdient gut und gern drei Tage. Aber ich kann Ihnen nicht sagen, wie sinnvoll es ist, es in einem Stück abzuhandeln, vielleicht sind kurze Zeiteinheiten besser, zum Beispiel einmal im Monat eine Stunde. Das hat den Vorteil, dass Sie nur ein oder zwei wichtige Gefühle ins Herz holen und sich dann Zeit lassen, diese im täglichen Leben zu integrieren, bevor Sie sich erneut mit dem Thema befassen.

Auszeit aus der Beziehung

Jede Beziehung, auch die schönste, engste, trauteste, leidet, wenn die Partner sich nicht hin und wieder eine Auszeit von der Beziehung gönnen. Das muss nicht heißen, sich voneinander zu entfernen. Aber ab und zu mal für sich zu sein oder einfach mit der Aufmerksamkeit bei sich statt beim anderen, sich mit anderen Menschen auszutauschen. Jeder kann auch einmal tief in einer Tätigkeit versinken, ohne dass der Partner oder die Partnerin Anteil daran hat. Wenn ich mich niemals aus der Zweisamkeit in die Einsamkeit zurückziehe,

lebe ich symbiotisch, tue so, als seien wir zwei Hälften, reduziere mich selbst, reduziere den anderen und die Beziehung.

Zurückgekehrt aus meinem kreativen oder meditativen
Alleinsein, meinem Rückzug oder Zusammensein mit
Freunden und Bekannten bin ich wieder ein selbstständiges
Ganzes geworden und kann die geliebte Person ebenfalls
wieder als selbstständiges Ganzes wahrnehmen. Das er-
frischt die Beziehung, da ist Wachstum möglich, Entwicklung, Veränderung, das Ganze bleibt spannend, lebendig,
ein wunderbares Abenteuer. Anstatt einander und sich
selbst auf eine bestimmte Rolle und ein bestimmtes Verhalten festzulegen, lassen wir uns stets aufs Neue überraschen,
entdecken uns selbst und die andere Person immer wieder
neu.

Natürlich gibt es oft Ängste, die das verhindern möchten,
aber dafür gibt es ja die Körperzentrierte Herzensarbeit!

Darüber hinaus brauchen wir Auszeit nicht nur aus unserer Paarbeziehung, sondern auch aus anderen Beziehungen.
Wenn ich Kinder habe, bin ich ja nicht 24 Stunden am Tag
und mein ganzes Leben lang Mutter – ich bin auch noch ich
selbst. Es tut gut, sich ab und zu daran zu erinnern und sich
Auszeit von der Mutterschaft zu gönnen. Das Gleiche gilt
für alle anderen Beziehungen. Und vor allem brauchen wir
Auszeit von Beziehung überhaupt. Einfach mal ich und mit
mir selbst sein, niemandem antworten, mich nicht erklären,
keinerlei Erwartungen entsprechen müssen, mich nicht ver-
antworten, niemandem erzählen müssen, was ich gerade
denke, fühle, tue …

Je mehr Auszeit ich mir gönne, desto mehr Engagement
kann ich dann wieder für meine Beziehungen aufbringen.
Als Seele bin ich frei, und mein Königreich hat keine

Grenzen; als Mensch bin ich eingebunden in Familienbeziehungen, Arbeitsbeziehungen, Privatbeziehungen. Lasst uns darüber nicht unsere grundsätzliche Freiheit vergessen! Lasst uns einander lieben nicht nur von Mensch zu Mensch, durch Rollenvereinbarungen aneinandergebunden, sondern auch von Seele zu Seele, König oder Königin im eigenen Reich, in aller Freiheit und aus freien Stücken!

Damit die Seele wieder atmen kann.

Literatur- und Quellenverzeichnis

Weiterführende Literatur

Körperzentrierte Herzensarbeit:
Eine übersichtliche Darstellung der Methode samt Übungs-CD finden Sie in:
Nidiaye, Safi, Die 10 Herzensschlüssel. Ausgeglichen und gesund mit Körperzentrierter Herzensarbeit. Gräfe und Unzer Verlag, München 2014.

Eine ausführliche Darstellung der Lösung von spezifischen Lebensthemen, Problemen und Emotionsknoten mit Körperzentrierter Herzensarbeit finden Sie in:
Nidiaye, Safi, Gefühle sind zum Fühlen da. Das Handbuch vom positiven Umgang mit negativen Emotionen. Integral Verlag, München 2017.

Alles über Fremdgefühle und ihre Rückgabe:
Nidiaye, Safi, Das befreite Herz. Von der Wohltat des emotionalen Aufräumens. Allegria Verlag, Berlin 2014.

Inspirationen zur Meditation:
Nidiaye, Safi, Meditationen für den Morgen – für den Abend. MensSana Verlag, München 2008.

265

Nidiaye, Safi, Das Gott-Experiment. Eine Erfahrung,
   die alles verändern kann. Integral Verlag, München
   2014.

Zur Vertiefung der Meditation, der Retreat-Erfahrung und
   zum Kennenlernen des Hintergrundes, aus denen die
   spezifischen Licht-, Atem- und Meditationsübungen der
   Autorin entstanden sind:
Pir Vilayat Inayat Khan: Das, was durchscheint durch das,
   was erscheint. Edition Nada, Bad Bevensen 1998.
Pir Vilayat Inayat Khan: Der Ruf des Derwisch. Synthesis,
   Essen o. J.
Hazrat Inayat Khan, Meisterschaft: Spirituelle Verwirk-
   lichung in dieser Welt. Verlag Heilbronn, Heilbronn
   2018.
Beck, Charlotte Joko, Zen im Alltag. Goldmann Verlag,
   München 2011.
Paramhansa Yogananda, Autobiographie eines Yogi.
   Self-Realization Fellowship 1998.

Zur Wirkung elektromagnetischer Felder:
Budzinski, B. I.; Hecht, K. (2016): Elektrohypersensibilität –
   Phantom oder Anzeichen einer Gemeingefahr?
   Natur und Recht 38/7, S. 463–473.
Hecht, K. (2001): Ein stiller Stressor: Die elektromagneti-
   schen Felder? In: K. Hecht, H. P. Scherf, O. König (Hrsg.):
   Emotioneller Stress durch Überforderung und Unterforde-
   rung. Schibri Verlag, Berlin, Milow, S. 79–100.
Hecht, K., Zappe, D. (2001): Zur bioaktiven Wirkung von
   EMF (elektromagnetischen Feldern). *Strahlenschutz-*
   praxis 7/3, S. 36–40.

Hecht, K. (2002): Auswirkungen von elektromagnetischen Feldern. *Umwelt – Medizin – Gesellschaft* 14/3, S. 222–231.

Hecht, K. (2006b): Strahlende Energie und Folgen für die Gesundheit des Menschen. In: M. Runge; F. Sommer (Hrsg.): *Mobilfunk, Gesundheit und die Politik*. Agenda-Verlag, Münster, S. 33–62.

Hecht, K. (2012): Zu den Folgen der Langzeitwirkungen von Elektrosmog. Schriftenreihe der Kompetenzinitiative zum Schutz von Mensch, Umwelt und Demokratie. Heft 6.

Hecht, K. (2016b): Interview mit Dr. Günter Baumgart: Unsichtbarer, aber gefährlicher Nebel – Wie uns hochfrequente Funkstrahlung auf Dauer krank macht. *Die Naturheilkunde* 1, S. 24–28.

Rose, Wulf-Dietrich, Mikrowellen töten leise. Independently published. 2018.

Quellenverzeichnis

Diamond, Harvey und Marilyn, Fit fürs Leben. Goldmann Verlag, München 1990.

Redfield, James, Die Prophezeiungen von Celestine. Allegria Verlag, Berlin 2004.

Mulford, Prentice, Unfug des Lebens und des Sterbens. Fischer Verlag, Frankfurt 1977.

Internet-Videos zum Entswitchen:

Videos von Dr. Manfred Doepp auf YouTube unter dem Stichwort »Entswitchen« oder »Deswitching«.

Zu elektromagnetischen Feldern:

Videos von Dr. med. Joachim Mutter auf YouTube.

Über die Autorin

Safi Nidiaye, geb. 1951, ist Meditationslehrerin und eine der meistgelesenen deutschsprachigen Autorinnen im Bereich psycho-spiritueller Lebenshilfe. Auf ihrem spirituellen Weg folgte sie nacheinander dem Yoga-, Zen- und Sufi-Pfad. In ihren Seminaren lehrt sie die von ihr entwickelte Methode der »Körperzentrierten Herzensarbeit«: eine auf der Meditation basierende Technik konzentrierter Wahrnehmung, mit deren Hilfe verdrängte Emotionen ins Bewusstsein und ins Herz zurückgeholt werden und Problemlösung, Erwachen aus falschen Identifikationen und Selbstheilung erreicht werden können. Safi Nidiaye lebt mit ihrem Mann, dem Maler Francis Gabriel, an der spanisch-französischen Grenze.

Weitere Informationen über Veröffentlichungen, Veranstaltungen und Seminare der Autorin finden Sie unter: www.safi-nidiaye.de

Bücher von
Safi Nidiaye

978-3-453-70253-0

978-3-453-70274-5

978-3-7787-9254-4

978-3-7787-9278-0